Inhaltsverzeichnis

Im frühsommerlichen Morgenlicht bauen sich die Blütenkerzen des Fingerhutes (Digitalis purpurea) im Blumenbeet auf. Die Farbmischung entsteht durch Selbstaussaat der Zweijährigen.

Der Traum vom Leben auf dem Lande

Der Begriff des Cottage-Gartens stammt zweifelsohne aus dem britischen Gartenreich, das für die Blumenliebhaber ein wahres Eldorado geworden ist. Auf den Spuren von William Robinson, Vita Sackville-West und Gertrude Jeckyll sucht man blühende Schönheiten, malerische Pflanzenkombinationen und sinnliche Erlebnisse. Das ist gut so, schließlich zeigt sich ganz deutlich, wie die Begeisterung für Gartenkultur in Deutschland wächst.

Doch bei allen großen Idolen und berühmten Vorbildern lehrt uns in unvergleichlicher Art und Weise die Entstehung des Cottage-Gartens die ursprüngliche Schönheit des Pflanzenreiches. William Lawson erwähnte 1617 in „The Country Housewife´s Garden" erstmals diesen Gartentyp. Damals war der gestaltete Garten den Herrschaften vorbehalten und wohl eher als Park zu bezeichnen. Die Landbevölkerung, die in den Cottages lebte, hatte Nutzgärten. Was hier gezogen wurde, ernährte die Familie. Denn das Land war zu kostbar, um es „nur" mit Blumen zu bestellen. Für die schönen Dinge hatte man keinen Platz, selbst wenn man sie hätte bezahlen können. Hin und wieder allerdings wurden aus den herrschaftlichen Gärten Pflanzen weggeworfen. Dabei muss man bedenken, dass vieles, was wir heute in jeder Gärtnerei bekommen, noch nicht einmal nach Europa eingeführt war. Es waren also Kostbarkeiten, die man auf dem Kompost fand. Dafür war dann vielleicht doch noch ein Eckchen frei zwischen Salat und Kohlgemüse, am Zaun oder neben der Eingangstür.

So hielten auch die prächtigen Pflanzen wie Pfingstrosen (*Paeonia*), Tulpen (*Tulipa*) und Rosen (*Rosa*) Einzug in den Garten rund um das Cottage und das harte Leben der Bauern bekam Farbe. Fröhlichkeit machte sich breit und war ein Lichtblick im tristen Alltag, der sich durch schwere körperliche Arbeit auszeichnete. Für die verbleibenden Lücken suchte man sich noch ein paar Schönheiten aus der Natur: Vergissmeinnicht (*Myosotis sylvestris*) und Ackerveilchen (*Viola arvensis*), Wiesenstorchschnabel (*Geranium pratense*) und Margeriten (*Leucanthemum vulgare*). Und allen formalen Parterres und barocken Schnörkeln zum Trotz war man der Schönheit des Einfachen auf der Spur. So ist das Bild des Cottage-Gartens einst geprägt worden. Allerdings hatte man ihn in der Fachwelt lange Zeit nur belächelt. Hin und wieder, wenn viktorianische Ornamente und exotische Blumen die Gemüter strapazierten, erinnerte man sich an die Cottage-Gärten und entwickelte den Stil weiter.

Die Vorreiter waren William Robinson und Gertrude Jeckyll. Die berühmten Gartengestalter besannen sich auf typische Pflanzen des Cottage-Gartens und kombinierten sie in ihren Rabatten feinsinnig und künstlerisch. In jüngster Zeit entdeckte man den Wert dieser ländlichen Idylle wieder, die sich nicht um Formvollendung scherte, sondern natürliche Fröhlichkeit verkörperte.

Magisch spiegelt sich die Weite des Sommerhimmels in der Rosenkugel, die zwischen blauer Katzenminze (Nepeta) und der Rose 'Ferdinand Pichard' vermittelt.

Überfluss, Abstraktion und Technik bestimmen heute den Alltag und so wächst im Menschen die große Sehnsucht nach dem Schlichten und dem Natürlichen. Die Kälte und Sachlichkeit bereiten dem grünen Hobby den Weg. Im Garten entdeckt man den Zauber der Natur täglich und ganz besonders, wenn man sich vom Cottage-Garten inspirieren lässt. Jede Zeit hat ihre eigene Stimmung und je sensibler man für diese wird, umso größer ist das Gefühl von Freiheit und Glück, das man verspürt.

Der erste Schritt der Gartenplanung besteht darin, sich mit der Umgebung auseinander zu setzen. Es geht nicht darum, aus Italien kostbare Steine zu importieren. Gehen Sie raus in die Natur, forschen Sie nach dort vorkommendem Gestein, suchen Sie Steinbrüche in der Umgebung auf – so bekommen Sie für die richtigen Baustoffe ein Gefühl und neben nicht ganz unerheblichen Einsparungen werden Sie merken, wie gut sich das Material in Ihren Garten einfügt. Der Traum vom Leben auf dem Lande hinterlässt beim Städter mit Garten ein Stirnrunzeln. Die Umgebung einbeziehen – heißt das auch die Hochhäuser, die architektonischen Spuren von Industrie und die Infrastruktur zu berücksichtigen? Ja, natürlich – mit frei wachsenden Hecken, Strauchgruppen und Bäumen kann und muss man das Bild „bereinigen“, um dem Garten den Charakter eines Refugiums zu geben. Ebenso wird man in einer gebirgigen Region die Sitzplätze des Landhausgartens so ausrichten, dass man freie Sicht auf die Gipfel hat.

Die Schönheit des Einfachen spiegelt sich nicht nur baulich wider, sondern ganz stark in der Auswahl der Pflanzen. Man kann im Grunde alles käuflich erwerben, aber bevor man shoppen geht, heißt es für den Cottage-Garten: Die Wurzeln suchen. Was ist typisch in der Region? Was wächst in den Bauerngärten den kleineren Ortschaften rund um die Städte? Der Landhausgarten lebt von schlichter Schönheit. Suchen Sie sich die kleine Gärtnerei im Ort, die noch als klassischer Familienbetrieb geführt wird. Hier bekommen Sie nicht nur Pflanzen, Tipps und Bekanntschaften, Neuentdeckungen und Freunde warten bei jedem Besuch auf Sie. Und statt Einkaufshektik werden Sie bald merken, welche Wohltat es ist, sich in die Gärtnerei aufzumachen und dort zu stöbern, um dann später den eigenen Garten aus einer neuen Perspektive zu sehen und Ideen umzusetzen. Wer sich darauf einlässt, wird nicht nur einen Hort(us) für Blumen haben, sondern auch einen für kleine Träumereien, bezaubernde Sinnlichkeit und persönliche Erlebnisse. So bringt der Cottage-Garten Farbe und Ruhe in den Alltag – heute wie einst im 17. Jahrhundert.

Mit diesem Buch bekommen Sie einen Eindruck, wie man seinen Garten gestalten kann. Die Gartenfotografin Elke Borkowski hat bezaubernde Situationen und Stimmungen eingefangen. So wird das erste Durchblättern zu einem Spaziergang durch die verschiedensten Country-Paradiese, die der Fotografin ihre Pforte geöffnet haben. Nun verspüren Sie die Lust, in Ihrem Garten etwas zu ändern? Das Buch ist so strukturiert, dass Sie etwas über Stilelemente und die typischen Pflanzen, sowie eine ganze Menge Wissenswertes um den Cottage-Garten erfahren. Aber es soll auch nicht die Atmosphäre zu kurz kommen, denn der Landhaus-Garten lebt mit den Jahreszeiten. Immer wieder gibt es etwas Neues zu entdecken, gibt es typische Düfte und Lichter, die einem 365 Tage Gartengenuss bereiten. Zum Abschluss bekommen Sie ein paar Gärtnertipps zu Anzucht, Pflanzung und Pflege der Pflanzen, so dass Sie mit diesem Buch und ein paar Samentütchen gleich loslegen können und den Garten mit ländlichem Charme verzaubern können.

Dabei wünschen wir Ihnen viel Spaß und bei aller Begeisterung für das Gärtnern – das Schneiden, Pflanzen, Säen, Ernten und Harken – sollten Sie nie vergessen, dass man den Garten auch genießen muss. Wenn Sie die Lust auf eine Pause oder einen kleinen Tagtraum verspüren, dann lassen Sie der Vernunft keine Chance. Nutzen Sie die Idee und lassen Sie die Seele baumeln. So verspüren Sie die kraftvolle Atmosphäre des eigenen Cottage-Gartens.

Ihre Dorothée Waechter

Altweibersommer im ländlichen Garten: Die großen Blütenschirme des Blumensedum (Sedum telephium) zeigen bereits einen Schimmer von Rosa, während unter dem Baum sich bereits die zarten Blütenschalen der Herbstanemonen (Anemone japonica) wiegen. Noch ist es mittags so warm, dass man den Sitzplatz gerne für eine Pause nutzt.

Ein verschwiegener Arbeitsplatz gehört zu den kreativen Rückzugsräumen, denn hier werden nicht nur die Blumen getopft und geschnitten. Am Topftisch nehmen neue Ideen Gestalt an.

Das Spiel mit dem Stil

Der Charme des ländlichen Gartens besteht vor allem darin, dass man schöne Gartengewächse, insbesondere Blumen, miteinander verknüpft, ohne dass die Gesamtsituation formal und geordnet erscheint. Die Fläche wird Stück für Stück erobert und bepflanzt. Ein Hauch von sogenanntem „shabby chic" bestimmt das Bild. Möbel stammen vom Trödel, die Wege sind mit den verschiedensten Verlegemustern befestigt, die Zäune strahlen ländliche Robustheit aus. Der Garten unterliegt einem stetigen Prozess der Veränderung, und das zeigt sich sowohl in der Neugestaltung als auch in so kleinen Details wie der Tatsache, dass im Country-Garten die Blumen umhervagabundieren dürfen. Die Fugen und Ritzen zwischen den Klinkersteinen werden nicht penibel sauber gehalten, sondern es darf sich hier eine Akelei (*Aquilegia vulgaris*) entfalten und die Polsterglockenblume (*Campanula portenschlagiana*) zu einem blau blühenden Kissen ausbreiten. Eine solche lockere Art, mit dem Garten umzugehen, darf nicht mit Vernachlässigen gleich gesetzt werden. Es ist vielmehr der gezielte Handgriff, der zwischen Springkraut (*Cardamine*) als Unkraut und Glockenblume (*Campanula*) unterscheiden kann. Es sind auch die ruhige Hand und Geduld notwendig, denn die Schönheit des Zufalls lässt sich nicht durch Emsigkeit locken. Man würde kläglich versagen, wenn man versuchen würde, den Frauenmantel (*Alchemilla mollis*) schon während der Verlegearbeiten zwischen die Klinkersteine zu pflanzen.

Zwar werden im Cottage-Garten hochwertige Materialien verwendet, aber es geht nicht darum, dass der Garten den ersten Preis für seine elegante Erscheinung bekommt. Vielmehr lebt der Stil von den Überraschungen und von der Fantasie der Gestaltung. Während man im eher formalen Garten die Kletterrose an ein hochwertiges Rankspalier setzt, nimmt man im ländlichen Umfeld einen alten Obstbaum zur Hilfe. So kann sich der üppige Wuchs der weichtriebigen Ramblerrosen, auch Rankrosen genannt, entfalten und den Betrachter mit seiner ungezähmten Schönheit begeistern.

Wer von den Bildern in diesem Buch fasziniert ist und nun den eigenen Garten umgestalten möchte, der sollte zunächst einmal spazieren gehen und sich mit dem Wohnort auseinander setzen. In kleinen Ortschaften gibt es mitunter ein hervoragendes Archiv, das über die bäuerlichen Gärten berichtet, oder man trifft auf einen Verein, der sich mit den Traditionen auseinandersetzt. Nun gilt es genau zu beobachten, was an Typischem auffällt. Sowohl die Art Mauern zu bauen wie die Formen der Zäune sind wichtig. Vielfach können ortsansässige Handwerker einiges erzählen, beschreiben und bauen. Solche besonderen Charakteristika, die einem gefallen, greift man heraus und überträgt sie auf den Garten. Sind die ersten Stilelemente integriert, werden sie von Blumen und Sträuchern umspielt. Sicherlich wird man sich die Fläche einteilen – den Garten Stück für Stück erschließen. Die Bereiche, die zunächst ein wenig vernachlässigt werden, verwildern ein bisschen und tragen so ebenso dazu bei, dass sich Natürlichkeit breit macht.

Der Cottage-Garten beweist wie kein anderer Gestaltungstyp, dass ein Garten niemals fertig ist. Wenn die Beete angelegt sind, braucht das Gartenhäuschen einen neuen Anstrich. Und die Sommerblumen wollen jedes Jahr auf ein Neues angezogen werden. Aber so wird der ländliche Garten zu einem Erlebnis. Er hat jeden Tag etwas Neues zu bieten und verzeiht wie kein anderer Garten, wenn man einfach mal die Schönheit genießen will und sich nicht gleich wieder mit Schere, Harke und Eimer an die Arbeit macht. Eine gewisse Ruhe ist sogar förderlich, damit sich die typischen Eigenarten ausprägen können.

Und so ergibt es sich, dass man nicht nur die Stilelemente kennen muss, sondern ebenso einen spielerischen Umgang mit ihnen entwickeln soll. Dieser ist Teil des Lebensgefühls, das vom Country-Garten ausgeht und uns die angenehme Abwechslung zum eintönigen, stressigen Arbeitsalltag bringt. Die Pflanzen und das Wachstum haben ihren eigenen Rhythmus, der weder durch Technik noch durch Hektik beschleunigt werden kann.

Von den Strukturen der Bepflanzung

Wenn man mit der Planung eines Gartens beginnt, steht das Beobachten an erster Stelle. Die Gegebenheiten werden studiert, das Umfeld unter die Lupe genommen und man wird sich auf die Suche nach dem „Geist" des Ortes begeben. Dabei besteht bei jedem Gartenbesitzer der Wunsch, das Gelände als seines zu markieren. Ein Rahmen muss her, der einen Schutz darstellt und das Gefühl von Heimeligkeit verbreitet. Man sollte sich die Überlegung aber nicht allzu leicht machen, schließlich kann man Mauern bauen, Zäune ziehen, formale oder freiwachsende Hecken pflanzen. Die Entscheidung sollte gewissenhaft getroffen werden.

Je offener die Fläche ist, desto größer ist das Bestreben Schattenpartien zu schaffen, in die man Bäume pflanzt. Der Standort, wie auch die Frage nach der Auswahl, braucht reifliche Überlegung, schließlich bestimmen die Bäume die Situation nicht unerheblich, wenn sie erst einmal eingewachsen sind. Eine gute Beratung in einer Baumschule in der Umgebung, vielleicht sogar eine Ortsbegehung mit dem Fachmann sind eine gute Entscheidungshilfe. Man sollte aber immer betonen, dass man sich einen ländlichen Gartenstil wünscht, damit sich am Ende nicht Enttäuschung breit macht, weil man nun zum Beispiel eine exotische Schönheit als Hausbaum erstanden hat.

Nachdem diese Rahmenstrukturen festgelegt sind, geht es darum die Fläche in verschiedene Bereiche aufzuteilen. Blumenbeete, Obstwiese, Gartenhäuschen, Kompostmiete, Sitzplatz, Grillplatz, Gartenwege, Arbeitsplatz, Frühbeet oder Gewächshaus – diese Elemente findet man in einem typischen Cottage-Garten. Einzig und allein der klassische grüne Rasen gehört zu den Tabus. Wobei man auch hier eine gewisse Toleranz walten lassen sollte, schließlich gibt es im Familiengarten einfach den Bedarf nach einer Spielwiese. In den Jahren, wenn die Kinder klein sind und man froh ist, wenn sie leicht zu beaufsichtigen sind, sollte man einen Kompromiss finden. Später lässt sich die Fläche ja zu einer gepflanzten Wiese umgestalten oder sie bietet Platz für zusätzliche Blumenbeete. Man muss den Rasen ja nicht in der Mitte des Gartens platzieren. Legt man zunächst eine breite Rabatte an und versteckt mit Hilfe von kleinen Gehölzinseln den Rasenplatz, fällt die formale Note des Grüns nicht allzu sehr ins Auge und der Stil bleibt gewahrt.

Im nächsten Schritt werden die Nutzflächen verteilt. Man sucht sich einen geeigneten Standort für das Gartenhäuschen aus, plant die Aufstellung eines Gewächshauses, richtet die Kompostmiete ein und trifft die Vorbereitungen für verschiedene Plätze mit einem befestigten Untergrund. Hierbei sollte man nicht nur seine eigenen Wünsche im Blick haben, sondern beispielsweise auch überlegen, wo der Grillplatz die Nachbarn nicht stört. Bei der Suche nach Sitzplätzen muss man die Bepflanzung der angrenzenden Grundstücke berücksichtigen, denn Gehölze entwickeln sich rasch zu Schattenspendern und verwehren den Genuss der wärmenden Sonnenstrahlen am Abend.

Der krönende Abschluss bei der Aufteilung der Fläche besteht darin, dass man die einzelnen Gartenbereiche durch Wege verbindet und mit dem Geflecht von Beeten so einrahmt, dass eine Einheit entsteht. Bei aller Liebe zum Lande und den Vorzügen des naturnahen Lebens sollte man aber auch darauf achten, dass an den entscheidenden Stellen Strom und Wasser zur Verfügung stehen. Die Verlegung von Leerrohren und Wasserleitungen bringt in der Regel kräftige Erdbewegungen mit sich. Es ist daher zu empfehlen, diese Arbeiten vor der Ausgestaltung der einzelnen Elemente vorzunehmen. Ist man sich in manchem Bereich noch nicht schlüssig über die spätere Nutzung, so macht man wenig Fehler zumindest die Leerrohre zu verlegen. Der Anschluss ist auch noch nachträglich möglich.

Die Rispen von Rittersporn (Delphinium) und Fingerhut (Digitalis) bauen sich hoch auf. Das schmale Blumenbeet unterteilt den Garten in verschiedene Bereiche.

Ein über viele Jahre eingewachsener Garten erweitert das Repertoire der Gestaltungsmöglichkeiten und fördert eine lauschige Atmosphäre mit großen Farnwedeln, immergrünen Rhododendronbüschen und Hortensien (Hydrangea). Die Laube versteckt sich unter den Blütenranken einer schattenverträglichen Rose.

Manchmal steht man nicht vor einem frisch angelegten Garten, sondern vielmehr vor einer alteingewachsenen, vielleicht sogar ein wenig verwilderten Fläche. Die Phase der Beobachtung bekommt eine sehr wichtige Rolle, denn das Bestehende muss genau auf seine Wirkung untersucht werden. Vielleicht ist man kein großer Rhododendron-Fan, aber die mannshohen Büsche können dem Garten ein besonderes Flair geben. Man sollte solche eingewachsenen Gehölzformationen etwas „trimmen" und „frisieren", aber keinesfalls alles roden. Schließlich bietet ein kleines Rhododenronwäldchen doch malerische Möglichkeiten für einen woodlandartigen Frühlingsgarten mit Farnen, Hundszahn (*Erythronium dens-canis*) und einem blauen Meer aus Hasenglöckchen (*Scilla hispanica*), die im Englischen als Bluebells bezeichnet werden. Auch alte Obstbäume, die vielleicht keine besonders gute Figur mehr machen und kaum noch Früchte tragen, werden durch einen fachgerechten Schnitt verjüngt. Schon nach kurzer Zeit strahlt die Krone wieder Vitalität aus. Oder man belässt alles beim Alten und nutzt das knorrige Baumgerüst als Rankhilfe für eine kletternde Rosenschönheit. Solche Gegebenheiten sollte man nutzen, da sich romantische Strukturen nur mit viel Zeit entwickeln. In einem alteingewachsenen Garten will die Schönheit entdeckt und geweckt werden. Das kann dann heißen, dass man bei einer Verirrung des Vorbesitzers hinsichtlich der Ansammlung von Koniferen auch schon einmal ganz radikal werden sollte und Scheinzypressen (*Chamaecyparis*), Kiefern (*Pinus*) und Co. radikal aus dem Garten verbannt.

Mitunter findet man Relikte vor, die einen zunächst vor große Aufgaben zu stellen scheinen. Das Schöne am Country-Garten besteht aber nun darin, dass man hässliche Baumarkt-Gartenhäuser oder einen betonierten Swimmingpool aus den 70er Jahren mit Raffinesse aus dem Blickfeld zaubern kann. Mit Schnüren und Drahtspalieren bekommt an dem Gartenhäuschen eine Bergwaldrebe (*Clematis montana*) ihren Platz. Innerhalb von wenigen Jahren wird man nur noch im Winter etwas von dem Schrebergartencharme entdecken und im Mai die Blüte zu einem kleinen Fest nutzen. Und der Swimmingpool wird zu einem Senkgarten, in dem man geschützt die Abende genießen kann. Ein Belag aus Kies und Splitt, dicht bepflanzte Ränder und ein kleiner Topfgarten überspielen die Unzulänglichkeit geschickt.

Ganz ähnlich bindet man das Wohnhaus und seine Nebengebäude in die Atmosphäre ein. Pergolen, Spalierobst und Kletterpflanzen breiten sich im Schutz der Fassade aus und schaffen eine angenehme Verknüpfung zu dem ausdrucksvollen Gartenstil. Gerade bei einem modernen Haus mit sachlicher Eleganz kann die überbordende Blütenpracht von Blauregen (*Wisteria sinensis*) oder der klare Aufbau eines Birnenspaliers zum perfekten Diplomaten zwischen den Stilen werden. Ein sehr wüchsiger und vor allem immergrüner Schlichter ist das Efeu *(Hedera helix)*. Am Anfang muss man etwas Geduld mit dem Klettergehölz haben, das sich mit Haftwurzeln alleine an einem rauen Putz hält. Nach der Eingewöhnungszeit zeigt es sich gesund und wüchsig, so dass man empfohlene Pflanzabstände beziehungsweise Mengenangaben beherzigen sollte.

Der ländliche Garten lebt von seinen Überraschungen. Man geht zwischen Beeten hindurch und entdeckt plötzlich ein ganz neues Gesicht des Gartens. Je kleiner die zur Verfügung stehende Fläche ist, desto wichtiger ist es solche Momente als Bereicherung einzuflechten. Hilfreich dabei ist eine Modellierung des Geländes. Künstliche Anhöhen, kleine Absenkungen verändern in besonderem Maße den Blickwinkel, so dass man nicht gleich auf den ersten Moment die gesamte Fläche überblickt, sondern erst beim Spaziergang ein kleines Eckchen mit dekorativem Gemüse und würzigen Kräutern entdeckt. Auch die Höhenstaffelung der Blumen innerhalb der Beete bietet eine gute Möglichkeit, den Blick zu lenken. Es ist beispielsweise wichtig, dass man vom Haus aus noch nicht die malerische Herbstrabatte im hinteren Gartenbereich entdecken kann. Ebenso sollte man überlegen, im vorderen Bereich des Garten mit einer Insel aus Bauernhortensien (*Hydrangea macrophylla*) ein Hauch von Großzügigkeit ins Spiel zu bringen. Solche wohl überlegten Details schenken dem Garten eine charakteristische und zugleich individuelle Dramaturgie.

Will man eine sehr große Fläche strukturieren, bietet es sich an, mit Hilfe von alten Zäunen einzelne Gartenräume einzurichten. Die Gartenteile bekommen ein eigenes Gesicht und man kann noch mehr ausprobieren. Der Frühlingsgarten öffnet zum Saisonbeginn seine Pforte und anschließend überlässt man ihn sich selbst. So kann man geschickt steuern, dass man immer nur einzelne Teile pflegen muss. Natürlich kann man auch ein Himbeer- oder Brombeerspalier als Raumteiler anlegen. Im Sommer erntet man so ganz nebenbei noch die köstlichen Beeren in Hülle und Fülle.

Baustoffe

Natürliche beziehungsweise traditionelle Materialien spielen im Country-Garten eine besondere Rolle, denn sie schmücken sich rasch mit der Patina, die dem ganzen Garten seinen unnachahmlichen Charme verleiht. Es sind vor allem Natursteine, gebrannte Klinkersteine, bearbeitete und naturbelassene Hölzer und Eisen. Die größte Bedeutung haben Steine, die für den Bau von Mauern und Treppen sowie zur Befestigung von Wegen und Plätzen, siehe auch Seite 22, verwendet werden. Nur allzu gerne lässt man sich durch einige Fotos von einem bestimmten Stein begeistern. Aber gerade der Country-Garten geizt hier mit der Verschwendung von Ressourcen. Es ist wichtig sich bei der Gestaltung des Gartens den regionalen Gestaltungsprinzipien anzupassen. Örtliche Steinbrüche und Ziegelwerke haben meist ein individuelles Angebot, bei dem man sicherlich auch noch etwas Raffiniertes entdecken kann. Aber es wäre ein Stilbruch, wenn man einen Landhausgarten im Voralpenland zum Beispiel mit holländischen Klinkersteinen gestaltet. Dagegen fügt sich gerade in Sachsen der Sandstein optisch gut ein. Die kurzen Transportwege bringen zudem einen praktischen Vorteil mit, denn sie sparen viele Kosten. Wer nun mit einem sehr knappen Budget arbeiten muss, der sollte sich auch nicht scheuen, statt der hochwertigen Naturmaterialien eine ganz schlichte Waschbetonplatte für Wege und Plätze zu verwenden. Lässt man etwas breitere Fugen und verlegt die Platten in ein Sand- statt in ein Mörtelbett, dann werden sich dort bald bezaubernde Blumen ausgesät haben, die jeder bewundert. Von der Betonplatte spricht keiner mehr.

Ein Charakteristikum des Country-Gartens sind kleine Mauern und Pfeiler, die aus Klinkersteinen gemauert werden. Nun kann man selbst zu Mörtel und Kelle greifen, sollte aber dabei beachten, dass in der Regel ein Fundament notwendig ist und es schwieriger ist als man denkt, eine gerade Mauer aufzubauen. Nachbarschaftshilfe von einem Fachmann sollte man zumindest für den Anfang nicht ausschließen, damit nicht irgendwann die Mauer umkippt. Noch komplizierter sind Natursteinmauern, da sie nicht nur in sich Halt finden müssen, sondern ja in der Regel auch einem abschüssigen Gelände Halt bieten sollten. Daher wird man hier doch sicherheitshalber einen Fachmann mit der fachgerechten Ausführung beauftragen. Am besten setzt man in die Natursteinmauern gleich beim Bau einige Polsterstauden, wie Steinkraut *(Alyssum montana)*, Spanisches Gänseblümchen *(Erigeron karvinskianus)* und Dalmatinischen Storchschnabel *(Geranium dalmaticum)*. Das Wurzelwerk stabilisiert und zugleich fügt sich eine bewachsene Natursteinmauer besonders harmonisch in die Gartensituation ein.

Wenn man im Landhausgarten Holz verarbeitet, so verwendet man vorzugsweise Astwerk, das bei Rückschnitt von freiwachsenden Hecken anfällt und einfaches Lattenwerk beziehungsweise Pfähle. Für einen Zaun oder ein Rankspalier sollte das Holz gut abgelagert und möglichst impräginiert sein. Hölzer, die eine Verwitterungsschicht als Schutz ausbilden, fügen sich natürlich besonders gut in die Situation ein. Auch Lasuren mit einer matten Farbigkeit können die Heiterkeit des Country-Gartens unterstreichen. Allerdings muss man bedenken, dass diese Anstreicharbeiten in regelmäßigen Abständen nicht nur aus optischen Gründen wiederholt werden müssen. Wer mit Astwerk arbeitet, sollte sich viel Zeit nehmen und vor der Verarbeitung das Ausgangsmaterial auf seinen Zustand prüfen. Astlöcher und schadhafte Stellen können nämlich die Stabilität eines kleinen Bauwerks beeinträchtigen. Ideal für leichte Spaliere und Rankgerüste sind die geraden ein bis zwei Jahre alten Haselnussruten. Das Holz ist gleichmäßig und recht hart. Zudem treibt es keine Wurzeln, wenn man es in die Erde steckt. Dieses ist nämlich der Nachteil von Weidenruten. Sie müssen gut abgelagert oder vorbehandelt sein, wenn man vermeiden möchte, dass sie treiben. Gleichzeitig kann man mit solchen lebendigen Ruten auch raffinierte Zäune gestalten. Holz wird im ländlichen Garten nur selten als reiner Bodenbelag verwendet, denn bei anhaltender Feuchtigkeit werden Baumscheiben und Holzdecks glatt und rutschig und sind dann kein trittsicherer Untergrund für einen häufig begangenen Weg.

Mit der halbhohen Mauer wird der Sitzplatz eingerahmt. Die Klinkersteine verbinden sich mit der Fassade des angrenzenden Gebäudes und fügen sich leicht ein, weil sie ein ganz eigenes Farbenspiel aufweisen, das durch Moose und Flechten unterstrichen wird.

Das aufwändige Mauerwerk der Gartenpforte macht neugierig. Die kunstvollen Kanten sind ein Fall für den Profi.

Natursteinmauern fangen das abfallende Gelände rechts und links von der Treppe ab. Zwei Holzpfähle mit einem Tau dienen als Geländer.

Zwischen Holz und Steinen kommt es nicht selten zu einem Materialmix. Die Werkstoffe verbinden sich optisch und funktional sehr gut. Die Pfosten für einen Zaun oder ein Gartentor werden gemauert und daran befestigt man die Latten beziehungsweise das Tor. Die Kombination der beiden Materialien ist auch beim Bodenbelag interessant. Gerade bei Treppenstufen ist es reizvoll, die Setzstufe aus einem kräftigen Balken anzulegen und die Trittstufe mit Plaster oder Splitt zu befestigen. Hier sei nochmals auf die Rutschigkeit von feuchtem Holz hingewiesen. Eine gewisse Sicherheit kann man nachträglich einbauen, indem man auf die Holzbalken einen feinen Hasendraht tackert. So kann man auch in feuchten Herbstwochen relativ sicher über die Stufen laufen. Eine regelmäßige Kontrolle und gegebenenfalls die Erneuerung des Drahtes ist unerlässlich.

Eisen ist besonders stabil und eignet sich sehr gut als Baustoff für Rankgerüste, Zäune und Tore. Man kann das Material relativ filigran gestalten, ohne dass eine Einbuße in der Stabilität zu verzeichnen ist. Für den ländlichen Garten sollte man auf eine schlichte Formensprache achten, denn die Ornamentik von Schnörkeln und Schwüngen sollte die Aufgabe der Pflanzen sein. Wer mit den Kosten haushalten muss, der findet in Bewehrungseisen einen relativ preisgünstigen Baustoff. Aus den Stangen kann man vom Obelisken bis hin zum Laubengang alles gestalten. Wichtig ist nur, dass die Eisen in einem Betonfundament Halt finden, denn die Last von Kletterpflanzen kann im Sommer schon enorm sein. Plant man einen dichten Bewuchs der Rankhilfen, kann man auf einen Anstrich durchaus verzichten, weil der rotbraune Rost schon bald von den Blättern und Blüten verdeckt wird.

Hölzerne Bahnschwellen werden als Setzstufen verwendet. Die Trittstufe wird mit einem kleinteiligen Granitpflaster belegt.

Die gewundenen Äste einer ausgelichteten Korkenzieherweide wurden abgelagert und zu einem Torbogen zusammengebunden. Eine Trichterwinde (Ipomoea) klettert daran empor.

Der Garten im Garten wird von einem Weidenzaun eingerahmt. Es handelt sich bei diesem wunderschönen Stück um eine Handarbeit. Damit die Stabilität nicht zu kurz kommt und das Muster etwas hermacht, werden immer mehrere Ruten zusammengefasst.

Zäune und Einfassungen

Mit dem Zaun markiert man seinen Grund und verwehrt sowohl Zwei- als auch Vierbeinern den freien Zutritt. Nun gehört aber der ländliche Garten zu den kommunikativen Räumen, in denen man Nachbarschaft und Gastfreundschaft pflegt. Es wäre also das falsche Signal, ein massives, hohes Bollwerk aus breiten Latten aufzubauen. Dort, wo man wirklich ungestört sein möchte, pflanzt man eine Hecke. Zu den anderen Seiten rahmt man den Garten mit einem Zaun ein. Jede Region hat ihre typische Bauweise für einen Zaun. Spalthölzer, abgerundete Latten, angespitzte Pfähle sind nur einige Beispiele. In einer reichen Gegend kann auch eine schlichte Metallbauweise angebracht sein. Die horizontale oder vertikale Anordnung der Streben vergrößert die Möglichkeiten. Der Zaun sollte im Country-Garten als ein schmückender Blickfang verstanden werden. Daher werden an dieser Stelle Maschendraht und Drahtzaun nicht weiter erwähnt.

Meist müssen schöne Zäune individuell beim Schreiner oder Schmied – das hängt vom Material ab – einzeln angefertigt werden, wobei man in diesen Handwerksbetrieben auch noch den einen oder anderen Tipp in Bezug auf die Haltbarkeit bekommt. So sollte man beispielsweise die Schnittkanten der größeren Pfosten nicht schutzlos der Witterung aussetzen, sondern sie mit etwas Dachpappe oder einer Zinkverkleidung vor anhaltender Nässe schützen, damit das Holz nicht von der Spitze fault. Aus Weidenruten kann man Flechtzäune selber bauen. Immer häufiger bekommt man Spaltholzzäune, die auf der Rolle angeboten werden. Die Spalten bestehen aus dem recht harten Holz der Esskastanie (*Castanea sativa*). Diese vertikal angeordneten Latten sind unregelmäßig geformt und haben einen Durchmesser von ungefähr drei Zentimetern. An zwei oder drei Stellen werden sie horizontal durch einen verzinkten Draht, der fest um die Hölzer gezwirbelt wird, verbunden. Eine Rolle hat in der Regel eine Länge von drei bis fünf Metern. Sie kann innerhalb dieser Spanne individuell angepasst werden. Damit der Zaun stabil ist, schlägt man in regelmäßigen Abständen Pfosten in den Boden und befestigt den Spaltholzzaun daran.

Nun kann man den Zaun aber auch zu einem ganz besonderen Projekt der Gestaltung ausrufen und sich etwas Witziges einfallen lassen. Im Voralpenland findet man beispielsweise kunstvoll gestaltete Zaunspitzen. Wie wäre es, wenn man mit der Laubsäge an ein paar Zaunspitzen Raben ausschneidet oder die Silhouette einer Zwergenmütze hin und wieder erscheinen lässt. Mit Farbe und Pinsel verleiht man den Figuren Ausdruck. Oder Sie sammeln altes Werkzeug. In alten Ställen und auf ländlichen Trödelmärkten wird man rasch fündig. Die Stiele werden ausgebessert und nun kommt alles in ein farbiges Tauchbad, um die Geräte etwas zu entfremden. Die Stiele werden auf die Querlattung des Zaunes genagelt. So bekommt der Garten garantiert eine persönliche Note. Wer mit dem Lötkolben umzugehen versteht, der kann sich auch aus anderem Trödel einen Zaun zusammenschweißen. Alte Fahrradfelgen oder Lattenroste mit Sprungfedern beispielsweise werden mit etwas Geduld zum Blickfang, um die Sie so mancher Passant beneiden wird.

Natürlich findet man auch alte Zäune und Tore auf Trödelmärkten, allerdings sollte man sich nicht zu früh in ein solch malerisches Einzelstück vergucken. Abgesehen vom Transport ist das Aufarbeiten dieses Schmuckstückes meist sehr kostspielig. Durch die Lagerung und vielleicht auch manchen Transport verbiegt sich so eine Rarität und es ist sehr schwer, die Teilstücke perfekt zusammenzusetzen. Wer das alte Modell doch in sein Herz geschlossen hat, kauft nur ein kurzes Stück, das man als witziges Rankgerüst in einem der Blumenbeete aufstellt.

Ein besonderes Augenmerk sollte man immer auch auf die Bepflanzung hinter dem Zaun legen, da angrenzende Sträucher und Blumen seine Wirkung verstärken können. Immergrüne Rhododenronbüsche (Rhododendron-Hybride) beispielsweise bilden für einen zarten, weißgestrichenen Metallzaun einen guten Hintergrund. Durch die Lücken eines ganz schlichten Lattenzaunes recken sich neugierig sommerliche Dauerblüher wie Katzenminze (*Nepeta × fassenii*), Malven (*Lavatera thuringiaca*) und Spornblume (*Centranthus ruber*). Sie umspielen lebendig die klare Zaunstruktur und nehmen den Kontakt mit den Passanten auf. Manch einer wird sich vielleicht im Spätsommer sogar ein paar reife Samenstände abknipsen.

Eine niedrige Mauer fasst das Beet im Halbschatten ein. Mit kleinen Steinen kann man auch schwungvolle Kanten modellieren.

Sehr individuell wirkt dieser Spaltholzzaun. Die unregelmäßigen Längslatten werden zwischen den breiten Querbalken verspannt.

Die Rose 'Marguerite Hilling' verdeckt mit ihren Blütentrieben die einfache Holzkonstruktion aus kräftigen Pfählen.

Ein weißer Anstrich macht das einfache Holztor zu einem Blickfang. Zugleich spiegelt sich die helle Farbe in den Blüten der hohen Glockenblumen (Campanula) wider.

Zwar lebt der Country-Garten durch seinen lockeren Stil und die formlosen Beete, aber eine feste Abgrenzung der Beete zu Wegen und anderen befestigten Flächen macht viel Sinn. Zum einen bekommt das Beet so einen Rahmen und Zusammenhalt, zum anderen wird die Pflege in den Übergangsbereichen erleichtert. Überhängende Triebe können durch die Einfassungen Halt bekommen und beim korrigierenden Rückschnitt hat man einen sicheren Anhaltspunkt, wo die Schnittkante verlaufen muss. Es stellt sich nun die Frage, wie man eine Einfassung gestaltet, damit sie gut zum ländlichen Garten passt. Natürlich bekommt man fertige Elemente, die aus Eisen oder Ton gefertigt sind. Für die schlichte Note eines Country-Gartens kommt diese meist ornamental gestaltete Einfassung viel zu pompös daher. Außerdem hinterlässt die Anschaffung meist ein tiefes Loch im Portmonee, das Geld hätte man am Ende lieber für einen bequemen Stuhl oder ein paar alte Rosen verwendet.

Der Zaun aus Weidenruten wird von den rankenden Trieben der Kapuzinerkresse (Tropaeolum majus) verziert.

Geht es einfach nur darum, zu verhindern, dass die Pflanzen über die Beetkante hinaus wuchern, so versenkt man bei der Aufteilung der Flächen eine Eisenkante, die man im Baufachmarkt bekommt, an der Beetgrenze. Will man dagegen auch optisch eine Einfassung, ist Fantasie gefragt. Am einfachsten bekommt ein Beet mit Hilfe von Steinen einen Rahmen. Wenn der Boden viele Steine enthält, dann fällt das Material automatisch an. Man sammelt die einzelnen Stücke und markiert den Randstreifen mit Hilfe einer Pflanzschnur. Nun werden die Steine in die Erde geschlagen. Mit Hilfe eines Brettes wird die Oberfläche egalisiert. Dort, wo Klinkersteine ohnehin verwendet werden, kann man die Steine schräg am Beetrand versenken, so dass der Rahmen eine lockere Zickzackstruktur bekommt. Dadurch, dass die Steine bemoosen, fügen sie sich innerhalb von kurzer Zeit angenehm zurückhaltend in die Situation ein. Wer die Form des Bogens bevorzugt, der versucht alte Biberschwänze von einem Abriss zu bekommen und versenkt diese senkrecht in die Erde. Auf lockeren Böden ist es ratsam, eine solche Kante in einem Mörtelbett sicher zu fixieren. Zum Charakter des Country-Gartens passt auch eine Einfassung aus alten Tontöpfen. Auf Gartenmärkten werden die ausgedienten Gefäße aus Gärtnereien oft angeboten. Nun versenkt man die Töpfe umgekehrt im Boden, um die Kante zu gestalten. Hin und wieder kann ein Topf normal stehend als witziger Blickfang mit einem Hauswurz (*Sempervivum*-Hybride) bepflanzt werden. Hat man im Garten ohnehin einige Zäune aus Weidenruten geflochten, so kann man auch die Beeteinfassungen in dieser Art gestalten. Die aufrechten Flechthilfen bleiben einfach nur kürzer, so dass der Minizaun etwa eine Hand breit hoch wird. Wer sich gerade Ruten von Haselsträuchern besorgt, kann diese auch als Bogen in die Erde stecken. Überlappen diese Bögen, bekommt die Einfassung Halt und es entsteht ein Muster. Wichtig: Die Ruten sollten vor dem Verarbeiten auf die gleiche Länge geschnitten werden.

Wege und befestige Flächen

Wege sind im Garten die verbindenden Lebensadern. Sie müssen alle wichtigen Bereiche miteinander verknüpfen. Zugleich ist ihr Verlauf ein Regisseur für den Betrachter, denn ein Weg lenkt automatisch den Blick. Kleine Kurven, Höhenunterschiede und Blickfänge beeinflussen die Wahrnehmung. Daher sollte man sich all dieser Stilmittel bedienen, denn ein guter Gartenweg sorgt dafür, dass die Vielfalt und die Schönheit wahrgenommen und gewürdigt wird. Es ist schwierig am Anfang den optimalen Wegeverlauf festzulegen. Andererseits gibt es eine kleine, unkomplizierte Hilfe: Sie stellen die Frage zunächst einmal hintenan. Kümmern Sie sich erst einmal um andere Dinge und gehen sie nach vier bis sechs Wochen aufmerksam den Garten ab. Es werden sich Trampelpfade gebildet haben. Kinder, Handwerker, Nachbarn und Freunde haben ihre Spuren hinterlassen und so wird es sich nicht als Fehler erweisen, wenn Sie das Wegesystem auf dieser Struktur aufbauen. In einem kleinen Garten sollte man den Weg nicht allzu gerade gestalten, sondern ihn durch Biegungen, einen kleinen Platz oder eine Verzweigung künstlich verlängern, um den Überraschungseffekt im Garten zu steigern.

Hat man den Verlauf festgelegt, gilt es den Belag zu bestimmen. Man wählt zwischen einem festen Bodenbelag und einer wassergebundenen Wegedecke. Der feste Belag hat viele Vorteile, da er pflegeleicht ist. Will man Laub vom Kies rechen, landen viele Steinchen mit im Blätterkorb, und wenn der Weg ausgetreten ist, neigt er zur Pfützenbildung. Es ist zu empfehlen, einen Weg mit einer leichten Wölbung auszuformen, weil so das Wasser leichter abfließt. Allerdings verlangt dieses Ziel fachliches Können. Grundsätzlich muss man den Weg auskoffern und einen Unterbau aus Grobkies und Sand einbringen. Es ist zu empfehlen die Kanten im Mörtelbett zu verlegen, um mehr Stabilität zu verleihen. Die Mittelbereiche dagegen können ins Sandbett verlegt werden. Man sollte auf jeden Fall darauf achten, dass die Platten gleichmäßig in Waage verlegt werden. In die Fugen wird Bausand gefegt, meist muss man diese Arbeit nach ein paar Regengüssen nochmals wiederholen, weil sich der Sand erst allmählich in die Fugen setzt.

Wer den Wegebau selbst durchführen will, kann sich das notwendige Handwerkszeug im Baumarkt ausleihen. Man fängt möglichst an den Enden an, um erste Erfahrungen zu sammeln und schon Übung zu haben, wenn man in den vorderen, hausnahen Bereich gelangt. Das Verlegemuster hat einen großen Einfluss auf die Wirkung eines Weges. Aber eine ausgefallene Struktur legt man nicht mal eben aus dem Handgelenk. Es ist ein Handwerk, das viel Erfahrung benötigt. Einfach sind Verbandstrukturen zu verlegen, bei der die Steine mit versetzten Fugen verlegt werden. Auch der Flachverband von Pflasterklinkern, bei dem immer zwei Steine aufrecht, zwei Steine quer gesetzt werden, ist relativ leicht durchzuführen. Das Fischgrätmuster gehört zu den besonders schwierigen Verlegemustern, insbesondere dann, wenn der Weg keinen geraden Verlauf hat.

Materialmischungen passen gut zum Country-Garten, weil sie keine Perfektion ausstrahlen. Man kann Reststeine kombinieren, Pflaster, Kies und Splitt verbinden oder auch einfach ein paar bunte Scherben in den Weg einbauen. Die Möglichkeiten sind faszinierend und gerade durch einen eigenwilligen Gartenweg bekommt das grüne Paradies die für Cottage-Gärten typische Individualität.

Eine Mischung aus verschiedenen Steinen malt auf den Weg sein Muster. Kantensteine sorgen für eine klare Einfassung des Beetes, dessen Rand mit Schnittknoblauch (Allium tuberosum) bepflanzt wurde. Gerade zur Blütezeit entsteht so ein dekorativer Blickfang.

Sitzplätze im Garten bekommen eine klare Struktur, wenn man den Boden befestigt. Mit einer solchen Oberfläche legt man sich aber auch sehr fest und die Kosten sind auch nicht unerheblich. Für einen Sitzplatz in Hausnähe bleibt der feste Belag die Ideallösung, ansonsten trägt man viel Schmutz ins Haus. Für die Plätze, die im Garten verteilt sind, bietet sich die wassergebundene Decke an. Sie benötigt zwar auch einen guten Unterbau, der aus Schotter und Sand besteht, wird aber lediglich mit Kies, Splitt oder Mulch abgedeckt. In den holländischen Küstenregionen findet man auch Muscheln als Belag, eine gute Idee, zumal das Material ein günstiges Abfallprodukt ist.

Will man nur einen kleinen Platz unter einer Bank oder für einen Bistrotisch mit zwei Stühlen anlegen, kann man die Übergänge zu den Beeten locker ineinander verweben. Pflanzen mit überhängendem Wuchs untermalen diese Übergänge. Besonders zuverlässig sind Frauenmantel (*Alchemilla mollis*) und niedrige Katzenminze (*Nepeta × fassenii*). Will man dagegen eine Fläche für die Freunde und Familie anlegen oder mit Formen spielen, fasst man die Fläche mit Kantensteinen ein oder baut ein kleines Mäuerchen als Beeteinfassung auf. So bekommt der Platz auch optisch Gewicht.

Bei der Auswahl der Materialien spielt vor allem bei den Sitzplätzen die Farbe eine große Rolle. Dunkle Steine erwärmen sich im Laufe des Tages stärker. Am Abend kühlen sie langsam ab und erwärmen die Luft. Das Klima ist sehr angenehm und man fühlt sich besonders wohl. Wichtig ist auch, dass das Material möglichst rasch abtrocknet und sich nicht voll Wasser saugt.

Wer sich im Kompromiss mit der Familie auf einen Rasen eingelassen hat, kann den grünen Teppich auch als Untergrund für Tisch, Stühle und Gartenliegen verwenden. Damit diese Nutzung keine dauerhaften Spuren hinterlässt, verwendet man vorzugsweise eine Saatmischung für den Strapazierrasen. Zusätzliche Robustheit und Standsicherheit für die Möbel erlangt das Grün, wenn man in die wachsende Grasnarbe im Frühjahr Splitt einbringt. Ganz dünn wird die Schicht mehrmals hintereinander aufgebracht. Zunächst sollte sich der Rasen aber immer wieder durchsetzen. So hebt sich diese Nutzfläche nicht optisch von dem restlichen Grün ab, aber die Benutzung bleibt unsichtbar.

Bei den Arbeitsflächen rund um Topftisch, Kompostmiete und ein kleines Gewächshaus wählt man den Belag vor allem nach optischen Gesichtspunkten. Die Fläche sollte rau sein, damit man auch bei nassem Wetter nicht ins Rutschen kommt. Zugleich sollte sie leicht sauber gehalten werden können, denn beim Umtopfen und Pikieren fällt immer einmal etwas hinunter und es ist gut, wenn man mit einem kräfigen Straßenbesen die Spuren rasch beseitigen kann. Da die Plätze selten im Mittelpunkt des Gartens liegen, kann man hier durchaus auf einfache Waschbetonplatten zurückgreifen. Sie sind relativ günstig und robust. Liegt das Eckchen im Schatten, so wird man auch recht bald schon Verfärbungen wahrnehmen, die sich allmählich in eine angenehme Patina verwandeln. Wie bei allen Bodenbelägen sollte man sich vor übertriebener Reinlichkeit hüten. Wenn sich das Verlangen nach einer Reinigung von Klinker mit einem Wasserstrahler breit macht, sollte man sich unbedingt an die Ursprünge des Cottage-Gartens erinnern. Früher hatte man solche Geräte nicht und im Grunde auch keine Zeit die Steine zu schrubben und anschließend die Fugen wieder zu befüllen. Im Gegenteil. Man war froh, wenn die Arbeit getan war. So konnten sich grünlicher Algenschimmer auf den Steinen breit machen, an den Kanten Moospolster bilden, die zeigen, wie die Natur den Garten auf ihre Art und Weise erobert.

Auch wenn der Weg schon ausgetreten ist, erkennt man die leichte Neigung zu den Seiten. So fließt das Regenwasser rasch ins Beet.

Der Weg führt das Auge zu der lauschigen Laube. Die Fugen zwischen den Steinen haben einen recht großen Abstand.

Es ist schon ein rechtes Puzzle die verschieden geformten Steine zu einem Weg zusammenzustellen. Dennoch passt er gut zu der bunten Blumenmischung in den Beeten.

Der Bodenbelag ist eine Mischung aus losen Kieselsteinen und Pflasterklinkern. Dieser Materialmix ermöglicht Reste von Steinen, die beim Wegebau übrig geblieben sind, geschickt zu verarbeiten.

Hinter den Lupinen baut sich der Obelisk aus unbehandelten Weidenruten auf. Er ist das Pendant zu der in die Höhe schießenden Artischocke (Cynara scolymus) mit silbergrauen Blättern.

Rankhilfen und Stützen

Kletterpflanzen spielen im Cottage-Garten eine große Rolle, da die blütenreichen Akrobaten klare Konturen locker umspielen. Diese bezaubernde Note verleiht nicht nur den Blumenbeeten einen wundervollen Akzent, sondern hilft auch Übergänge geschickt zu gestalten. Nun gibt es ganz unterschiedliche Arten, wie sich die mehrjährigen und einjährigen Kletterpflanzen in die Höhe ziehen. Man unterscheidet zwischen den Spreizklimmern, den schlingenden und rankenden Arten sowie den Selbstklimmern. Zu der zuletzt genannten Gruppe gehören vor allem der Wilde Wein (*Parthenocissus tricuspidata*) und das Efeu (*Hedera helix*). Mit Haftscheiben beziehungsweise -wurzeln finden die Triebe auf einem rauen Untergrund Halt. Kletterhilfen werden werden nicht benötigt.

Rankpflanzen bilden aus Trieben oder Blattspreiten kleine Spiralen, die sie bei einer Berührung um dünne Triebe, Drähte oder Stäbe wickeln. Zu dieser Gruppe zählt zum Beispiel die Duftwicke (*Lathyrus odoratus*). Will man diese rankenden Pflanzen in ein Beet pflanzen, so braucht man eine filigrane Rankhilfe. Zarte Obelisken aus Weidengeflecht, ein alter Fensterrahmen, der mit gespannten Drähten versehen ist oder eine zierliche Säule aus feinen Eisenstäben bieten den Ranken Halt. Wer diese Variante der Rankhilfe für zu auffällig hält, der kann auch die englische Methode anwenden. Schon kurz nach der Keimung steckt man reichverzweigte Haselnussruten ins Beet. An diesen ziehen sich die kletternden Sommerblumen in die Höhe. Der trockene Trieb bestimmt die Wuchsform der Kletterpflanze ganz natürlich.

Die Schlingpflanzen winden ihren Trieb um eine kräftige Rankhilfe, die durchaus etwas gröber sein kann als die für eine Rankpflanze. Alte Gartentore oder das schmucke Kopfteil eines Eisenbettes leisten hier ebenso gute Dienste wie schlichte Bögen und Obelisken aus Holz oder Eisen. Prunkwinden (*Ipomoea purpurea*), Waldreben (*Clematis* in Arten und Sorten) und Blauregen (*Wisteria sinensis*) zählen zu den typischen Schlingpflanzen wie auch Hopfen (*Humulus lupulus*) und Feuerbohnen (*Phaseolus coccineus*). Für die Spreizklimmer braucht man ein robustes Spalier, denn die Pflanzen dieser Gruppe, zu denen unter anderem die Kletterrosen (*Rosa*-Hybride) zählen, ziehen sich mit Hilfe ihrer Dornen in die Höhe. Meist muss man ein wenig nachhelfen und die Triebe mit weichen Schnüren am Spalier befestigen.

Die Rankhilfen haben als Gestaltungselement eine besondere Bedeutung, weil sie als ganzjähriges Element einen vertikalen Blickfang darstellen, teilweise sogar ganz ungewöhnlich eine Diagonale beschreiben. Ein blau lasierter Holzobelisk beispielsweise wirkt nicht nur im Sommer attraktiv, wenn er sich mit den purpurnen Blütensternen einer Italienischen Waldrebe (*Clematis viticella*) schmückt, sondern auch im Winter, wenn sich die blauen Streben als Muster von der immergrünen Strauchkulisse abheben. Auch der kleine Eisenobelisk mit seinen schneckenförmigen Verzierungen malt nach der Rosenblüte noch sein charmantes Muster in die Rabatte und erweist sich so als Blickfang.

An Mauern kann man vor allem schlichte Drahtkonstruktionen als Rankhilfen befestigen. So schafft man zu den angrenzenden Bauwerken eine Verknüpfung. Allerdings sollte man immer darauf achten, dass beim Anbohren von Wänden keine Isolierungen beschädigt werden. Auch sollte der Abstand zwischen Wand und Kletterpflanze ausreichend groß sein, damit die Luft gut zirkulieren kann. Dieses ist nicht nur wichtig, um Krankheiten vorzubeugen, sondern auch um die physikalischen Austauschprozesse einer Mauer nicht zu beeinträchtigen. Bei einjährigen Arten bereitet die Wuchsstärke in der Regel kein Problem. Bei Blauregen (*Wisteria sinensis*) und Knöterich (*Fallopia aubertii*) sollte man dagegen wissen, dass das Wachstum so kräftig und ungestüm ist, dass die Pflanzen an Fallrohren und einfachen Spalieren großen Schaden anrichten können.

In den Blumenbeeten spielen Stützen eine große Rolle. Will man die Pflanzenbüsche möglichst unsichtbar zusammenbinden, so verwendet man einfache Halter wie zum Beispiel „Link Stakes“. Sie werden zum Austrieb um den Horst gesteckt, so dass die Triebe hinein wachsen können und das Blattwerk die Drähte verdeckt. Man kann aber auch einzelne Stiele mit schmucken Eisenstäben stützen. Eine kleine Spirale als Verzierung der Spitze, eine Kugel oder eine Bourbonenlilie lenken von der mangelnden Standfestigkeit ab. Zum Anbinden sollte man übrigens immer Bast verwenden und den Stiel an mehreren Stellen anbinden, damit die Blüten guten Halt bekommen. Sind die Samenkapseln hübsch wie beispielsweise beim Zierlauch (*Allium aflatunense*), sollte man die Stützen ruhig länger stehen lassen.

Lange Bambusstangen bilden ein Tipi, an dem Bohnen in die Höhe klettern und bereits voll mit reifen Schoten hängen.

Das alte Gartentor ist zu einer Stütze für den Klatschmohn (Papaver rhoeas) geworden. So fallen die Büsche nicht auseinander. Die Blüten umspielen das rostige Eisen.

Die reduzierte Formensprache macht diesen Staudenhalter zu einem Schmuckstück. Man kann daran Gartenblumen festbinden, die sonst leicht umknicken.

Die kleine Rankkuppel schmückt das Rosenbeet auch dann noch, wenn die Blüten bereits welk geworden sind.

Möbel und Accessoires

Der wichtigste Gesichtspunkt für die Gartenmöbel ist die Bequemlichkeit. Man sollte sich kompromisslos wohl fühlen und gut sitzen können, denn nur so hält man sich gerne im Garten auf und kann in den blumigen Träumen des Landlebens versinken. Deshalb ist beim Kauf die Sitzprobe unerlässlich. Dabei geht es nicht darum mal eben kurz zu sitzen, sondern wirklich auch einmal mit einem Buch die Qualität zu prüfen.

Im Garten sollte man nie zu wenig Sitzgelegenheiten bereit halten. Es ist wichtig, überall schnell ein gemütliches Plätzchen zu finden, um die Blüten zu studieren, den Vögeln bei ihrem Gesang zu lauschen oder einfach mal die Augen zu schließen. Am Wegesrand sollte daher immer mal ein Stuhl stehen. Am Anfang kann es auch einfach nur ein Holzklotz sein, den man in eine gute Position rückt oder ein großer Stein, der beim Umgraben zu Tage kam. Zu jeder Tageszeit sollte man ein Sonnenplätzchen finden können und in den Mittagsstunden auch ein schattiges Eckchen.

Viele Gartenelemente wie Mäuerchen, Treppen oder Podeste können mit Kissen rasch zu einer Sitzgelegenheit umfunktioniert werden, wenn sich Freunde spontan zum Besuch anmelden. Sie werden sehen, dass sich Ihre Gäste bei Ihnen sehr wohl fühlen werden und Ihr Cottage-Garten eine kleine Attraktion ist.

Die Vielfalt der Materialien für Gartenmöbel ist breit gefächert. Auch wenn es heutzutage einige hochwertige und optisch ansprechende Kunststoffprodukte gibt, sollten diese Möbel an dieser Stelle nicht weiter erwähnt werden. Das Material fühlt sich kalt an und schafft einfach nicht das Flair, das beispielsweise eine ganz einfache Holzbank mit sich bringt. Das natürliche Material fasst sich angenehm an. Preisgünstige Modelle aus Weichholz sind nicht behandelt, so dass man mit einem Anstrich der Bank oder den Stühlen eine persönlich Note geben kann. Die Witterungsbeständigkeit kann als mittelmäßig eingestuft werden. Haben die Möbel erstmal fünf Jahre bei Wind und Wetter im Freien gestanden, werden die Übergänge morsch und weich. Haltbarer sind Harthölzer wie Lärche und Robinie. Sie können ähnlich wie tropische Harthölzer über viele Jahre im Freien stehen. Sie wirken besonders natürlich, weil sie keinen Anstrich brauchen. So bewittert die Oberfläche und die Möbel bekommen eine graubraune Farbe, die sich dezent in jede Gartensituation einfügt.

Korbmöbel zählen zu den bequemsten Sitzgelegenheiten. Ihr Nachteil besteht in der geringen Wetterfestigkeit. Daher muss man sie entweder häufig hin- und herräumen oder einen Platz schaffen, der die Möbel vor Feuchtigkeit sicher schützt.

Hinsichtlich der Haltbarkeit haben sich vor allem Eisenmöbel einen Namen gemacht. Sie weisen auch einen nicht zu unterschätzenden Formenreichtum auf. Da das Material zum Sitzen zu kalt ist, wird die Eisenkonstruktion häufig mit Holzlatten versehen. So ist ein angenehmes Sitzen garantiert. Hin und wieder sollte man aber die Eisenmöbel aufarbeiten. Scharniere müssen gefettet werden und rostige Stellen ausgebessert werden. Gleichzeitig kann man die Farben auffrischen oder ändern. Dieses sind ideale Winterarbeiten, wenn der Garten ruht und keine Mühe macht.

Die blauen Möbel fügen sich malerisch in die gelbblühende Situation ein, die von Strauchmargeriten (Argyranthemum frutescens) und gefüllten Sonnenblumen (Helianthus annuus) bestimmt wird.

Unter der Pergola hat sich ein begeisterter Maler mit seiner Staffelei eingerichtet, um die Schönheit des Gartens auf der Leinwand festzuhalten.

Stühle, Bänke und Liegen dienen nicht nur als bequemer Sitzplatz, sondern sind in der Regel auch Schmuckstücke für den Garten. Mit ihren Formen machen sie auf sich aufmerksam und mit den Farben schaffen sie eine Verbindung zu den Blüten. Sie können sich sogar in die Wirkung einmischen. Sind erst wenige blaue Blüten im Staudenbeet geöffnet, so verstärkt eine blaue Bank ihre Wirkung. Stellt man dieselbe blaue Bank nun neben die Pflanzung mit Narzissen (*Narcissus*), gelben Tulpen (*Tulipa*) und Primeln (*Primula*), so verstärkt man durch den Farbkontrast die Leuchtkraft der Blüten.

Auf vielen Bildern in diesem Buch findet man ungewöhnliche Gartenmöbel. Unikate machen den Garten besonders interessant, auch wenn die Suche nach einem Schmuckstück mit Mühen und Rückschlägen verbunden ist. Aber wie man sieht, lohnt sich die Geduld, und in der Regel braucht man ja kein Warenlager, da der Platz oft beschränkt ist und sich die Möbel anderenfalls auch in ihrer Wirkung gegenseitig bedrängen.

Die runde Eisenbank lädt ein zum kleinen Plausch in der warmen Nachmittagssonne. Die üppigen Kletterrosen im Hintergrund verzaubern die Idylle mit dem köstlichen Parfüm ihrer Blüten.

Will man die Bequemlichkeit steigern, braucht man Kissen und Decken. Diese sollten sich vom Muster in die ländliche Atmosphäre gut einfügen. Einfache Karomuster und liebliche Blumenmuster in klaren Farben unterstreichen das romantische Flair und sind unempfindlich. Will man dagegen keine weiteren Blickfänge schaffen, dann wählt man grobe Stoffe in Unitönen. Besonders unempfindlich sind dunkle Blau- und Grüntöne. Sie fügen sich auch dezent in jede Situation ein, ohne mit benachbarten Blüten- oder Blattfarben zu konkurrieren.

Besonders freundlich wirkt es, wenn man in den Sommermonaten morgens bereits die Kissen verteilt, so dass sie jederzeit zu einem Intermezzo einladen. Natürlich dürfen sie nicht sehr empfindlich sein, damit sie dann auch einen kleinen Regenguss schadlos überstehen.

Für die Abendstunden hält man Decken bereit, die für angenehme Wärme sorgen. Stellen Sie in das Gartenhaus einen großen Korb mit den verschiedensten Patchwork- und Wolldecken, so dass sich jeder nach Bedarf etwas Gemütliches heraussuchen kann und man nicht lange in den Schränken wühlen muss, bis man eine Decke gefunden hat, die man mit in den Garten nehmen kann.

Die Farbe von Tisch und Stuhl erinnert an reife Aprikosen. So bekommt der Sitzplatz neben den Kletterrosen eine angenehm sommerliche Note, selbst wenn es draußen nicht sonnig und warm ist. Die Eisenmöbel sind sehr wetterfest und können das ganze Jahr im Freien bleiben.

Neben dekorativen Gartenmöbeln gibt es viele Möglichkeiten, den Country-Garten auszuschmücken. Doch so leicht und ansprechend die Arrangements mit Töpferwaren, ungewöhnlichen Gefäßen, Vogelhäusern oder ähnlichem sind, so behutsam sollte man mit dem Gartenschmuck umgehen. Es ist ganz wichtig, dass die Blumen im ländlichen Garten immer die Hauptrolle spielen. Wenn man aufwändige Bankhäuschen wie auf Seite 25 in den Garten integriert oder in den Beeten schmucke Rankhilfen einsetzt, dann sollte man man in diesen Bereichen mit Accessoires geizen. Dagegen kann zum Beispiel eine helle Säule aus Kalksandstein ein dunkles, tristes Eckchen aufwerten.

Es stellt sich immer die Frage, was denn nun wirklich in den Country-Garten passt. Sicherlich wird man einiges aus dem ländlichen Haushalt zur Schau stellen können. Ein altes Butterfass, ein ausgedienter Hörnerschlitten oder Korbflaschen fügen sich in das Umfeld ein. Sie vermitteln ein wenig den Eindruck, als sei die Zeit stehen geblieben. Mit kleinen Töpfen oder einem Blumenstrauß bindet man die Alltagsgegenstände in das Gesamtgefüge ein. Möchte man ein paar kunsthandwerkliche Gegenstände wie Rosenkugeln oder ein Windspiel aufstellen, so sollte man darauf achten, dass sich die Farben dezent in eine Bepflanzung mit Blütenstauden einfügen. Die Wirkung ist meist größer, wenn man die schmucken Details erst auf den zweiten Blick richtig wahrnimmt, weil sie dann zu einer Überraschung werden. So kann man beispielsweise in die Gehölze, die bereits im zeitigen Frühling blühen, einige funkelnde Glassteine hängen, die ganz dezent das Sonnenlicht brechen, um so hin und wieder magisch zwischen den Blättern hervorzublitzen.

Natürlich kann man wie bei den Gartenmöbeln Nützliches und Dekoratives auch bei den Accessoires verbinden. Im ausgedienten Holzfass wird Regenwasser zum Gießen gesammelt. Hübsche Körbe, ein altmodischer Schlauchwagen und natürlich Etiketten mit den Pflanzennamen leisten optisch ansprechend gute Dienste. Gerade hinsichtlich der Kennzeichnung von Pflanzen gibt es viele Möglichkeiten. Kupferetiketten, viktorianisch anmutende Stecketiketten werden im Fachhandel ebenso angeboten wie kleine Schieferplatten, die man an einem Bambusstab befestigt. Man kann aber auch die eigene Fantasie ein bisschen spielen lassen. Schreiben Sie die Namen der Küchenkräuter doch einfach auf einen kleinen Blumentopf, der auf einem Splintholz befestigt wird. Mit farbigen Mosaiksteinen kann man auch im Beet kaum bemerkt einige Markierungen vornehmen. Die roten Steinchen deuten die Pflanzplätze der Zwiebelblumen an. Die blauen Steinchen werden dort hingelegt, wo ein Horst im Frühjahr beim Austrieb geteilt werden muss, und die gelbe Farbe kennzeichnet die Pflanzen, deren Triebe durch Schnecken gefährdet sind. So kann man sie im Frühjahr leicht vor den gefräßigen Nacktschnecken schützen.

Ein altes Holzfass schmückt das schattige Eckchen. Während Hostablätter die bauchige Form umspielen, schwimmen Rosen und Blütenblätter des Beinwells (Symphytum) auf dem Wasser.

Diese riesige Samenkapsel von Mohn (Papaver) schmückt das Blumenbeet sehr dezent.

Die stilisierte Knospe wirkt wie ein kleiner Fingerzeig und setzt so einen Akzent.

Kugeln unter sich. Die auberginefarbene Rosenkugel ergänzt die verschiedenen Lauchblüten.

Der Laubfrosch auf der Kugel regt zum Schmunzeln an.

Handgefertigtes Werkzeug ist eine Augenweide. In kleinen, ambitionierten Betrieben findet man auch Spezialwerkzeuge wie den Zwiebelpflanzer mit gebogenem Stiel oder die schmale Schaufel.

Werkzeuge

Gute Geräte machen nicht nur die Arbeit leichter, sondern bringen auch Spaß. Wenn man einen handgeschmiedeten Spaten in die Hand nimmt, bemerkt man auf den ersten Blick seine besondere Qualität. Vielleicht hat ein solches Gerät ein größeres Gewicht, doch das muss nicht unbedingt die Arbeit erschweren. Mit dem Eigengewicht durchdringt der Spaten wesentlich geschmeidiger einen festen, lehmhaltigen Boden. Ein guter Schmied ist die beste Qualitätskontrolle, weil er ganz automatisch darauf achtet, dass das Werkzeug gut in der Hand liegt.

Natürlich fügen sich die hochwertigen Werkzeuge auch besser in die Gartensituation ein. Wer viel gärtnert, ist daran gewohnt, dass der Laubrechen im Herbst griffbereit am Baumstamm lehnt und im Frühjahr der Spaten im Blumenbeet steckt, damit man die frisch austreibenden Staudenhorste frühzeitig teilen kann. Da fällt ein robuster Holzstiel nicht unangenehm auf, der orangerrot leuchtende Plastikgriff des Handspatens dagegen blitzt hässlich zwischen dem Grün der Pflanzen.

Es stellt sich die Frage, welche Geräte man denn überhaupt benötigt. Meist wird jede Menge überflüssiges Handwerkszeug angeboten – das man in der Regel nur ein oder zwei Mal braucht. Zur Grundausstattung gehören ein Spaten und eine Grabegabel. Beim Kauf ist es wichtig, dass die Länge des Spatenblattes beziehungsweise der Gabelzinken sowie der Stiel zur Körpergröße passt. Hochwertige Anbieter haben Damen- und Herrengeräte im Angebot, die auf den unterschiedlichen Körperbau und die verschiedenen Kraftgrundlagen abgestimmt sind. Spaten und Grabegabel benötigt man zum Ausgraben, Umspaten und Teilen von Pflanzen. Die Grabegabel ist dabei etwas behutsamer, weil sie den Ballen nicht wie der Spaten aus der Erde schneidet. Wer viele Wurzelunkräuter im Garten hat, sollte auf den Einsatz des Spatens verzichten, denn so leistet man der Vermehrung nur ungebührend Vorschub. Als Handgerät empfehlen sich eine Hacke und einen Handspaten. Beides braucht man bei der Beetpflege, zum Beispiel um einzelne Unkräuter zu entfernen, die Erde zwischen den Pflanzen zu lockern und Jungpflanzen zu setzen. Im Grunde sollte man diese Geräte immer griffbereit bei jedem Rundgang durch den Garten dabei haben, denn immer wieder wird man Kleinigkeiten im Vorbeigehen erledigen.

Weiterhin braucht man einen Rechen, mit dem man die Beete vorbereitet, Erde glatt zieht und Mulchmaterialien verteilt. Eine Laubharke ist vor allem für die Herbstwochen, wenn die Bäume das Blattwerk abwerfen, sehr nützlich. Mit dem Besen hält man befestigte Flächen sauber. Wer im Anfang viel Erde bewegt und sich auch zu einer eigenen Kompostwirtschaft für die Pflanzenabfälle und das Schnittgut entscheidet, der sollte eine gute Schaufel oder eine Mistgabel bereit halten.

Bei den Schneidwerkzeugen sollte nicht gespart werden, denn scharfe Scheren erleichtern den Rückschnitt und schonen die Hände. Wer eine geschnittene Hecke oder geformte Buchsbaumsträucher in seinem Country-Garten hat, der sollte die Anschaffung einer elektrischen Heckenschere in Betracht ziehen, auch wenn ein solches Gerät nicht sehr nostalgisch ist. Als normale Schere sollte man sich eine kräftige Rosenschere und eine Blumenschere anschaffen. Mit letzterer erntet man nicht nur Blüten für die Vase, sondern putzt auch die Rosensträucher im Sommer aus.

Für das Schnittgut, die Unkräuter und andere Gartenabfälle hat man immer einige Körbe oder Holzkisten im Garten stehen. Diese nützlichen Transportgefäße sehen attraktiv aus und man kann sie getrost am Sitzplatz stehen lassen, damit sie immer griffbereit sind. Natürlich verrotten sie, aber bis ein stabiler Korb brüchig wird, vergehen viele Jahre. Dekorative Gießkannen sind ein Blickfang. Je größer der Garten, desto mehr kann man davon gebrauchen, um die verschiedenen Töpfe, die im Garten verteilt sind, bei Trockenheit rasch gießen zu können.

Die Pflanzen – schön und nützlich

So frei und formlos wie der Stil des Landhausgartens gestaltet sich auch die Auswahl der Pflanzen. Was blüht und fruchtet, schöne Blätter hat und interessante Veränderungen im Laufe des Jahres mit sich bringt, ist im Country-Garten willkommen. Und doch erkennt man den Stil gerade an seinen Pflanzen. Es wachsen Zwiebelblumen, Stauden und Kräuter, Gehölze und Gemüse, Obst, Rosen und Sommerblumen in harmonischer Eintracht nebeneinander.

Eines der wichtigsten Charakteristika für die Pflanzen des ländlichen Gartens besteht in der Robustheit der Pracht. Die Pflanzen gedeihen zuverlässig und sind wenig anfällig. Dort, wo sich die Gewächse wohl fühlen und vielleicht auch noch ein freies Plätzchen ist, werden sie sich rasch selbst ausbreiten. Ebenso ist die Einfachheit der Blüten Programm. Schlichte Margeritenblüten, einfache Doldenschirme und die Knöpfchen von gefülltem Mutterkraut (*Tanacetum vulgare*) erweisen sich ebenso als typisch wie die großen, weit geöffneten Tulpenkelche, blaue Glockenblumen und die dicht gefüllten Blüten von Kaktusdahlien mit einem altmodischen Touch.

Aber genau diesen Moment von Nostalgie bindet viele Pflanzen in den Country-Garten ein. Es geht nicht darum, die Beete mit neuen, unbekannten Exoten zu schmücken. Vielmehr legt man Wert auf Pflanzen mit Tradition. Die unter dem Begriff der Marienblumen zusammengefassten Blumen gehören ebenso dazu, wie Pflanzen, die ganz persönliche Erinnerungen wecken. Sommerphlox (*Phlox paniculata*) und Gänsekresse (*Arabis procurrens*), die an die eigene Kindheit erinnern, vervollständigen dieses bodenständige Gefühl. Natürlich wird man als Gärtner auch zum Entdecker. Etwas Neues fordert heraus, schärft die Sinne für die Beobachtungsgabe. Doch bei diesem Spürsinn geht es dem Country-Gärtner und der Country-Gärtnerin nicht um tropische und subtropische Raritäten, sondern vielmehr darum, dass man längst vergessene Kulturpflanzen wieder entdeckt. Eben genau die Kaktusdahlien waren aus den Gärten verschwunden, weil sie den Stempel „nicht up to date" bekommen hatten. Mit Nelken (*Dianthus*), Christrosen (*Helleborus niger*) und Aurikeln (*Primula auricula*) war kein Staat zu machen. Heute plötzlich erwachen diese Pflanzen mit einer ungeahnten Sortenvielfalt wie Phönix aus der Asche und nicht nur im Country-Garten gelten sie als blühende Trendsetter.

Neben vielen Blumen und Gehölze erleben auch Kräuter, Früchte und Gemüse diese Renaissance. Man besinnt sich auf die Kochkultur und das, was in unseren Gärten köstliches gedeiht. Wer kannte vor gut zwei Jahrzehnten denn die Schönheit der Artischockenblüte und ihre Köstlichkeit? Was wusste man über die Zubereitung von Topinambur (*Helianthus tuberosus*) oder die Verwendung von Mangold (*Beta vulgaris* ssp. *cicla*)? Heute dagegen wird über die Geschmacksunterschiede zwischen dutzenden von Tomatensorten diskutiert, die Farbe von Pflücksalaten auf die Blüten abgestimmt und hellgelbe oder dunkelrote Kapuzinerkresse (*Tropaeolum majus*) nicht nur als Blickfang für das Beet, sondern auch als Deko für das Käsebrett gepflanzt. Fasziniert durch die Vorzüge des industriellen Gemüsebaus hat man viele Kenntnisse verdrängt und den Reiz zahlreicher Gartenpflanzen erst mit dem Interesse am ländlichen Garten neu entdeckt.

Die Pflanzen des Country-Gartens führen durch die Jahreszeiten. Es geht nicht darum, Kuriositäten zu finden, wie eine sommerblühende Tulpe oder eine Rose, die bis in den Winter blüht, sondern man versucht, die Blumen und Gehölze so zu wählen, dass die Winterlinge (*Eranthis hyemalis*) mit ihren gelben Kelchen, das Ende des Winters verkünden, sich im Sommer die köstlichen Düfte von Lilien (*Lilium*) und Katzenminze (*Nepeta* × *fassenii*) durchmischen, wohlschmeckende Äpfel im Herbst reifen und Herbstzeitlose (*Colchicum autumnale*) den Altweibersommer verkünden und das braune Buchenlaub an den Hecken raschelnd den Herbststürmen trotzt. Die Pflanzen werden zu einer Art lebendigem Kalender, an dem man die Jahreszeiten und auch die Unterschiede zwischen den einzelnen Jahren festmacht. „Im letzten Jahr waren die Kirschen schon reif, als die Schwertlilien blühten. Dieses Jahr dagegen sind schon alle verblüht, als wir die Leitern in den Baum gestellt haben." Solche feinsinnigen Beobachtungen machen das Erleben des Country-Gartens aus. Man wird zu einem Teil des Ganzen, denn es ist nicht die mühselige Pflicht, die einen zum Ernten ruft, sondern die Freude im Einklang mit dem Garten zu leben. Und das wichtigste Verbindungsglied zwischen Mensch, Jahreszeiten und Natur sind nun einmal die Pflanzen des Gartens.

In diesem Kapitel stelle ich Ihnen die verschiedenen Pflanzen des Country-Gartens vor: Die Architekten, die dem Stück Land eine Struktur verleihen, die typischen Blumen, Rosen und duftende Schönheiten, Pflanzen für den Topfgarten, Obst, Gemüse und Kräuter. Zudem wird eine Hilfestellung gegeben zum Gestalten von Rabatten, zum Pflanzen von wiesenartigen Flächen und zur Anlage eines so genannten Woodland-Gartens, der die Schönheit der Waldpflanzen im Garten widerspiegelt.

Die sommerliche Romantik wird von der überbordenden Blütenfülle an dem hölzernen Rosenbogen in Szene gesetzt. Zwischen den gefüllten, rosafarbenen Blüten der Kletterrose 'Albertine' leuchten die Blütensterne der Waldrebe (Clematis) 'Étoile Violette'.

Eine gelblaubige Form des Bauernjasmin (Philadelphus coronarius 'Aureus').

Die wunderschönen Blüten des Blumen-Hartriegels (Cornus florida).

Die elfenhaften Blüten des Rhododendron periclymenoides.

Die Blüten der Sternmagnolie (Magnolia stellata) wirken wie vom Wind zerzaust.

Die grünen Architekten

Gemessen an der Höhe und am Alter sind Gehölze von keiner anderen Wuchsform zu übertreffen. Sie bilden ein winterhartes Astwerk, das jedes Jahr ein mehr oder weniger großes Stück wächst. So bekommt der Garten prägende Blickfänge. Mit diesen wird die Struktur des Gartens ganz entscheidend beeinflusst, denn die Gehölze wirken als Raumbildner. Unter dem Blätterdach eines Laubbaumes beispielsweise entsteht ein schattiger Platz zum Sitzen und Liegen. Als Bäume bieten sich eine Vielzahl von Gehölzen an, die einen bezaubernden Schmuck in Form von Blüten, Blättern und Früchten darstellen. Man muss die Wahl nicht nur von der Schönheit abhängig machen, sondern auch von der Größe des Gartens. Der jährliche Zuwachs kann rasch Probleme bereiten und den Garten zu stark dominieren. Rosskastanien (*Aesculus hippocastanum*), Eiche (*Quercus robur*) und Linden (*Tilia cordata*) wecken spontan die Bilder von historischen Bauernhöfen, Pappeln (*Populus nigra*) findet man häufig bei einer Mühle, doch bei aller nostalgischen Schwärmerei muss man wissen, dass diese oft über hundert Jahre alt werdenden Bäume einen großen Platzbedarf haben. Obstgehölze eignen sich viel besser. Die Edelreiser von Apfel, Birne oder Quitte werden wie auch die von Kirsche, Pflaume und Co. auf unterschiedlich stark wachsende Unterlagen veredelt. Nun muss man den Fachmann fragen, welche Unterlage die angemessene Größe und Wuchsstärke hat, damit sich dieses Gehölz in die individuelle Gartensituation einfügt. Der Vorteil dieser Gehölze liegt in ihrem Blütenschmuck im Frühjahr und der zu erwartenden Ernte von köstlichen Früchten im Herbst. Das Repertoire der Bäume ist breit gefächert. Interessante Arten für Gärten der mittleren Größe sind Amberbaum (*Liquidambar styraciflua*) mit einer beeindruckenden Herbstfärbung im Spätherbst und die Vogelbeere (*Sorbus aucuparia*), die im Frühling cremefarben blüht und im Spätsommer Dolden mit orangeroten Früchten trägt, die man sogar zu Marmelade und Kompottspeisen verarbeiten kann, wenn man die Mährische Form, *Sorbus aucuparia* var. *moravica*, gepflanzt hat.

Wer dagegen einen kleinen Garten beziehungsweise kleinere Gartenräume mit Hilfe von Gehölzen strukturieren möchte, der verwendet Sträucher. Sie bilden keinen einzelnen Stamm, sondern schießen mehrtriebig aus der Erde. Werden sie geschnitten, kann diese Einfassung als klarer Rahmen fungieren. Dies ist kein Widerspruch zu dem formlosen Stil des Country-Gartens, denn so eine dichte Wand hat eine besondere Funktionalität. Sie bietet idealen Sichtschutz und zugleich eine neutrale Kulisse für die bunten Blumenbeete. Das Klima wird geschützt und die Schnitthecke fügt sich wesentlich gefälliger in eine Gartensituation ein als eine Mauer oder ein hoher Lattenzaun, die ebenso gut den Wind abhalten. Als laubabwerfende Heckengehölze haben sich Buche (*Fagus sylvatica*) und Hainbuche (*Carpinus betulus*) einen Namen gemacht. Wer dagegen auf der Suche nach Ungewöhnlichem ist, kann auch aus der Linde (*Tilia cordata*) eine formale Hecke gestalten und wird damit eine alte Gartentradition aufnehmen. Als immergrünes Heckengehölz kennt man von malerischen Fotografien aus englischen Gärten die Eibe (*Taxus baccata*). Die Umsetzung hat jedoch einen Haken: Eiben wachsen langsam und erfordern daher ein hohes Maß an Geduld. Schneller geht es dagegen mit Kirschlorbeer (*Prunus laurocerasus*).

Blütensträucher bereichern das Gartenjahr mit ihrem bunten Schmuck. Die ersten im Gartenjahr sind Goldglöckchenstrauch (*Forsythia × intermedia*) und Felsenbirne (*Amelanchier* in Arten). Die Blütenknospen schwellen, ähnlich wie bei den Obstgehölzen, noch bevor das Laub ausgetrieben ist. Wahre Wunder sind die Sternmagnolien (*Magnolia stellata*), die auch bereits im April blühen. Man sollte nur darauf achten, dass man ein geschütztes Plätzchen findet, denn kalte Nächte mit Minusgraden sind der ärgste Feind für die Pracht von Magnolien. Als Frühsommerblüher haben sich Falscher Jasmin (*Philadelphus*-Hybride), Cornus (*Cornus*), Rhododendron (*Rhododendron yakushimanum*), Flieder (*Syringa*-Hybride), Weigelie (*Weigela*-Hybride) und Deutzie (*Deutzia*) bewährt. Im Sommer übernehmen bevorzugt Rosen die Hauptrolle, die, auch wenn im Herbst der Fruchtschmuck im Vordergrund steht, mit ihren Hagebutten viel zu bieten haben. Zum Winter erobern Zaubernuss (*Hamamelis mollis*), Winterjasmin (*Jasminum nudiflorum*) und Duftschneeball (*Viburnum fragrans*) die Gartenbühne. Sie sorgen dafür, dass man selbst in der kalten Jahreszeit immer ein paar Blüten entdeckt.

Waldreben, Geißblatt und andere Klettergehölze

Neben den aufrechten Wuchsformen der Gehölze gibt es Arten, die klettern. Sie ziehen sich mit ihren Trieben oder mit Ranken in die Höhe und bereichern den Garten platzsparend mit Blüten und faszinierendem Blattschmuck – ganz im Sinne des Grundmottos „Jedes Eckchen im Country-Garten nutzen". Zudem kann man Fassaden und Rankspaliere in die Gestaltung einbeziehen. Pergolen und Laubengänge bekommen ein natürliches Flair. Neben den sommerblühenden Waldreben (*Clematis*-Hybride) haben die frühlingsblühenden Arten *Clematis montana* und *alpina* eine große Bedeutung. Als duftende Klettergehölze haben sich Blauregen (*Wisteria sinensis*) und Geißblatt (*Lonicera* in Arten) sehr beliebt gemacht.

Klassiker im Country-Garten

Die typischen Blumen des ländlichen Gartens zeichnen sich durch ihre Robustheit aus. Die ersten Pflanzen, die in den Cottage-Garten eingezogen sind, stammten aus der Natur. Schönheiten vom Wegesrand, wie Trollblumen (*Trollius europaeus*) und Storchschnabel (*Geranium pratense*) wurden als Schmuckstücke in den Garten geholt. Auf Grund des natürlichen Vorkommens fügten sich diese Blumenkinder problemlos in den Garten ein. Krankheiten waren im Grunde kein Problem und die Horste konnten sich in der geringen Konkurrenz zu den Nachbarn im Garten prächtig entfalten. Noch heute gehört diese Kombination von natürlicher Erscheinung und gesundem Wachstum zu den typischen Charakteristika der Blumen des ländlichen Gartens.

Doch mit dem Stil ist auch die Vielfalt der Gewächse gewachsen. Es haben sich die Sommerblumen und Stauden durchgesetzt, die mit einem geringen Maß an Pflege auskommen. Zudem geht es aber auch darum, dass sich die Pflanzen von alleine durchsetzen können. So findet man im Repertoire des Country-Gartens Blumen wie beispielsweise die Pfingstrose (*Paeonia officinalis*), die im Garten ein hohes Alter erreichen. Wenn sie einmal Fuß gefasst haben, wollen sie in Ruhe gelassen werden. Abgesehen von einer stärkenden Schaufel reifer Komposterde zeigen sie sich genügsam in den Ansprüchen und werden von Jahr zu Jahr üppiger in der Blüte. Ebenso gibt es Pflanzen, die für sich genommen eher kurzlebig sind, wie Vergissmeinnicht (*Myosotis sylvestris*), die sich allerdings durch die Selbstaussaat im Garten halten. Akelei (*Aquilegia vulgaris*), Fingerhut (*Digitalis purpurea*) und Seidenmohn (*Papaver*) vagabundieren durch den Garten, weil sich die Samen wie von Zauberhand verbreiten und so immer wieder neue Plätze erobert werden. Natürlich zeigen sich manche Blüten besonders groß und schmuck, aber sie wechseln sich harmonisch mit den kleinblumigen Pflanzen ab, die den Garten über viele Wochen verzaubern.

Das Spektrum dieser Blumen ist breit gefächert. Man lernt die Schönheiten leicht kennen, wenn man durch ländliche Regionen geht. Vor den Bauerngärten blühen Narzissen (*Narcissus*-Hybride) und Tulpen (*Tulipa*-Hybride) im Frühjahr. Dort, wo das Klima warm und eher trocken ist, machen sich an Mauern die Polster von Blaukissen (*Aubrieta*-Hybride) und Gänsekresse (*Arabis procurrens*) breit. Ist der Boden dagegen sauer und das Klima kühler, findet man die dichten Kissen des Moossteinbrechs (*Saxifraga bryoides*) zwischen den Kugelprimeln (*Primula denticulata*).

Später gesellen sich Nachtviolen (*Hesperis matronalis*) dazu. Bartnelken (*Dianthus barbatus*) lassen nach dem Sommeranfang nicht lange auf sich warten. Nun wird es richtig üppig im Country-Garten. Die typischen Pflanzen unterscheiden sich in den verschiedenen Landstrichen. Während im Norden die Stockrosen (*Alcea ficifolia*) in die Höhe schießen, machen sich auf sandigen Böden die Federnelken (*Dianthus plumarius*) breit. Im Süden zeigen sich die Schwertlilien (*Iris germanica*-Hybride) prachtvoll, während im Voralpenland der Sommerphlox (*Phlox paniculata*) mit seinen malerischen Horsten für kräftige Farbtupfer sorgt. Die Palette der Klassiker ist breit gefächert und man sollte sich eben in der Region und bei den ansässigen Gärtnern nach wüchsigen Schönheiten erkundigen. Zudem spiegelt die Auswahl die persönliche Vorliebe für bestimmte Pflanzen wider. Einige typische Pflanzenarten des ländlichen Gartens finden Sie im Kasten, weitere präsentieren sich auf den nächsten Seiten im Bild.

Blumenkinder des ländlichen Gartens

Japan-Anemone (*Anemone japonica*), Spornblume (*Centranthus ruber*), Mädchenauge (*Coreopsis grandiflora*), Rittersporn (*Delphinium*-Hybride), Roter Sonnenhut (*Echinacea purpurea*), Mandelblättrige Wolfsmilch (*Euphorbia amygdaloides*), Sonnenbraut (*Helenium*-Hybride), Kronennelke (*Lychnis coronaria*), Indianernessel (*Monarda*-Hybride), Katzenminze (*Nepeta × fassenii*), Türkenmohn (*Papaver orientale*)

Malerisch ergänzen sich im Garten von Claude Monet in Giverny die Rottöne von Gladiolen (Gladiolus), Dahlien (Dahlia) und weinrotem Ziertabak (Nicotiana).

Wenn der Herbst Einzug hält, bereiten Sonnenbraut (Helenium), Edeldistel (Eryngium), Roter Sonnenhut (Echinacea purpurea) und die kirschrote Schafgarbe (Achillea) ein Blütenmeer.

Die langen Grannen der Gräser sehen aus wie Wasserfontänen. Sie lockern die Beetsituation auf.

Die kunstvoll aufgebaute Blüte einer Passionsblume (Passiflora).

Die zarten Schalen der Strauchmalve (Lavatera olbia).

Die fliederfarbenen Hyazinthen (Hyacinthus orientalis 'Splendid Cornelia') und gefüllte Tulpen (Tulipa 'Lilac Perfection') werden von weißen Strahlenanemonen (Anemone blanda) angeleuchtet.

Herbstliche Pracht der Glattblatt-Aster (Aster novi-belgii).

Auffällige Adern schmücken die zierlichen Blüten des Storchschnabels (Geranium).

Indianernesseln (Monarda-Hybride) zeigen sich in den Sommermonaten unermüdlich.

Schlicht und robust: Dreimasterblumen (Tradescantia andersoniana-Hybride) im Halbschatten.

Sterne am Sommerhimmel: die Waldrebe (Clematis durandii).

Wie eine Schale aus Porzellan: die Blüte einer Bechermalve (Lavatera trimestris).

Die hohen Blütenstände des Fingerhutes (Digitalis purpurea) säumen den Gartenweg.

Das Country-Beet

Das Bild des ländlichen Gartens wird in erster Linie durch die Blumen mit ihren bunten Blüten bestimmt. Im Beet treffen die Pflanzen aufeinander und ergänzen sich harmonisch. Auch wenn der ländliche Garten formlos ist, so gehört das Beet sicherlich zu den großen Herausforderungen. Es ist die Kür in der Gartengestaltung. Schließlich sollte man das ganze Jahr über Attraktionen finden, die Pflanzendecke sollte einheitlich geschlossen sein und gleichmäßig wirken. Dafür braucht es Erfahrung und Fingerspitzengefühl. Auf der anderen Seite sollte man sich nicht entmutigen lassen und immer wieder etwas ausprobieren. Selbst Profis – vielleicht sogar gerade diese – greifen während der Saison ein und setzen einzelne große Horste um, weil sie sich so eine noch bessere Wirkung versprechen.

Die Beete nehmen im Country-Garten die Hauptrolle und damit auch die größte Fläche ein. Die Gestaltung und Strukturierung fällt leichter, wenn man den verschiedenen Rabatten jeweils ein bestimmtes Motto gibt, das die Auswahl der Pflanzen etwas beschränkt und auch bestimmt. So kann man die Blütenfarben, den zeitlichen Höhepunkt oder auch Formen in den Mittelpunkt stellen. Nun wird sich gerade für den Anfänger die Frage stellen, wo man anfangen soll und wie man das alles auf einmal bewältigen soll. Hier ist es wichtig, sich Zeit zu lassen und nicht zu hetzen. Nehmen Sie sich ein Beet vor, am besten eines, das zentral gelegen ist und möglichst rasch etwas her machen soll. Die übrigen Flächen werden in den ersten Jahren mit Einjährigen gestaltet. Man kann Reihen von typischen Pflanzen für Blumensträuße abwechseln mit ein paar Salatpflanzen. Lassen Sie ein anderes Beet von zwei oder drei Kürbispflanzen überwuchern und regenerieren Sie die übrigen Flächen einfach mit einer Gründung aus Sonnenblumen, Esparsette und dem lavendelblauen Bienenfreund. So schließt sich die Pflanzendecke rasch, der Boden wird gepflegt. Sie können sich nun erstmal dem einen Beet zuwenden.

Die ersten Schritte fallen leichter, wenn man systematisch vorgeht. Das heißt, man wählt das Motto des Beetes wie zuvor beschrieben aus und stellt nun eine Pflanzenliste zusammen, die zu der Lage des Beetes und zu dem Boden passt. Versuchen Sie zunächst einmal Ihre Lieblingspflanzen in dem Beet unterzubringen, denn die Schönheiten, die einem am Herzen liegen, motivieren.

Bislang haben Sie sich Notizen gemacht, Pflanzennamen aus Büchern und Katalogen zusammengeschrieben. Jetzt können Sie kreativ werden und mit Buntstiften die Pflanzen in einen Plan einzeichnen. Für die Verteilung der Pflanzen kann man entweder eine kunterbunte Mischung aus Einzelpflanzen zusammenstellen oder größere Tuffs beziehungsweise sogenannte „Drifts“ aus einer Pflanzenart bilden. Unter dem „Drift“ versteht man ein langgezogenes Band, das sich mit einem schwungvollen Verlauf diagonal durch eine rechteckige Rabatte zieht. Diese Drifts geben der Gestaltung Dynamik und zugleich ermöglichen sie viel Abwechslung, weil immer wieder ganz unterschiedliche Partner nebeneinander wachsen und blühen. Ein weiterer Vorteil besteht darin, dass ein Drift die Standfestigkeit der Pflanzen erhöht.

Eine Rabatte benötigt eine ansehnliche Höhenstaffelung. Diese sollte in Einklang mit der Größe des Beetes stehen. Im Hintergrund können einzelne höhere Pflanzen platziert werden. Sie sollten aber in einem harmonischen Einklang zu den Maßen des Beetes stehen. Als Faustformel gilt, dass sie nicht höher sein sollten, als das Beet tief ist.

Margery Fish, die große Lady des ländlichen Blumengartens

In East Lambrook in Somerset hat Margery Fish zu gärtnern angefangen. Sie begann vollkommen unerfahren und besetzt heute einen der vorderen Plätze auf der Liste der namhaften englischen Gartengestalterinnen. Sie entdeckte den Garten erst relativ spät und experimentierte sehr viel. All ihr Gärtnern beruhte immer auf den persönlichen Erfahrungen, was heute nur noch wenige Gartenarchitekten von sich behaupten können. Sie schuf rund um ihr Cottage keine prachtvolle Anlage, sondern einen ganz typischen Cottage-Garten. Darin liegt auch der Schlüssel ihres Erfolges, denn der Garten von East Lambrook Manor spiegelt einen für jeden Hobbygärtner nachzuvollziehenden Garten wieder. Man kennt die Dimensionen und kann tolle Beispiele getrost umsetzen. Die Erfahrungen hat die Gartengestalterin in den folgenden Büchern festgehalten: *Blumen für jeden Tag, Die schönsten Blumen für den Cottage-Garten* sowie *Naturnah und schön: pflegeleichtes Gärtnern.*

Temperamentvoll wirkt das Zusammenspiel von pinkfarbenem Storchschnabel (Geranium) und knallrotem Klatschmohn (Papaver rhoeas).

Nun platziert man die so genannten Leitpflanzen. Dieses können großblumige Stauden, Rosen oder Blütensträucher wie Sommerflieder (*Buddleja*) sein. Diese Schönheiten dürfen sich wiederholen und so einem lang gestreckten Beet an der Gartengrenze einen Rhythmus geben. Zugleich ergänzen sich die Leit- und Begleitpflanzen in der Blütezeit: Die Rosen schenken der Rabatte zu einem frühen Zeitpunkt einen Höhepunkt, die Dahlien lösen die Schönheiten dann im Hochsommer ab. Nun füllt man die Zwischenräume mit diversen Gartenblumen, die zu dem Motto passen und die Blütenfarben harmonisch abrunden. Bei diesen Lückenfüllern ist es ganz wichtig, dass einige dabei sind, die eine lange Blütezeit haben. Pflanzen mit zahlreichen Einzelblüten wie zum Beispiel das Mutterkraut (*Tanacetum parthenium*) zeigen sich unermüdlich. Auch mit Hilfe von Sommerblumen kann man die Blütenzeit verlängern. Schmuckkörbchen (*Cosmos bipinnatus*) und Spinnenblume (*Cleome spinosa*) beispielsweise fügen sich gut in die Blumenrabatten ein. Wer das Beet mit mehrjährigen Gartenblumen gestaltet, der wird in den ersten zwei Jahren eine eher lockere Bepflanzung vorfinden, weil man darauf achten muss, dass sich die Stauden entfalten können. Damit sich die Lücken rasch füllen, kann man einige Kräuter, Salate und Sommerblumen im Frühsommer dazwischen setzen, so dass sich rasch das Bild eines dichten Blumenbeetes entfaltet.

Bei der Auswahl der Blumen für ein Beet richtet man das Augenmerk darauf, dass während der ganzen Saison immer wieder einige Blickfänge zu erwarten sind. Im Herbst legt man einige Blumenzwiebeln von Hyazinthen (*Hyacinthus orientalis*) und Tulpen (*Tulipa*-Hybride) in die Lücken. Am Rand setzt man einige Bergenien (*Bergenia*-Hybride), die im Frühjahr rosarote Blütenstände präsentieren und im Herbst mit farbigen Blättern das Augenmerk auf sich ziehen. Ebenso kann man mit einigen Herbstastern (*Aster* in Arten und Sorten) hübsche Höhepunkte im Hintergrund erzeugen.

Perfekt wirken die schönen Beete nicht nur durch ihren abwechslungsreichen Blütenschmuck, sondern auch durch ruhige Pole im Hintergrund. Formale Hecken, gleichmäßige Zäune, der Ausblick in eine weite Wiesenlandschaft oder eine Mauer geben der Rabatte eine neutrale Kulisse, vor der sie besonders gut zur Geltung kommt. Zudem sollte man aber auch in das Beet einige strukturgebende Pflanzen einbeziehen. Blattschmuck von Funkien (*Hosta* in Arten und Sorten) und die formalen Figuren aus immergrünem Buchsbaum (*Buxus sempervirens*) geben den bunt blühenden Pflanzen Ruhe, aus der sich ein Spannungsbogen zu den Pflanzen aufbaut. So bekommt das Beet auch im Winter, wenn sich eine Decke aus Schnee auf den Garten legt oder das Wasser an den Pflanzen zu wunderbaren Kristallen gefriert, ein ausdrucksvolles Gesicht. Die immergrünen Strauchfiguren, trockene Gräserbüschel und vertrocknete Fruchtstände werden dann vom Frost geradezu verzaubert.

Während die grüngelbe Wolke des Frauenmantels (Alchemilla mollis) aufsteigt, schmücken Wollziest (Stachys lanata), Ehrenpreis (Veronica teucrium) und Lavendel (Lavandula angustifolia) den Beetrand.

Hopfenranken zwischen Herbstanemonen, Dahlien und Herbstastern.

Ein Strauß aus Zierlauch, Pfingstrosen und Pflaumeniris.

Blumen für die Vase

Da im Country-Garten jedes Fleckchen genutzt wird, findet man Blüten in Hülle und Fülle. Sie machen sich nicht nur als Farbtupfer in den Rabatten nützlich, sondern schmücken Töpfe und Krüge, Flaschen und Vasen als Blumensträuße. Deshalb sollte man immer einen Korb und eine Schere mit in den Garten nehmen, um sich vom Augenblick zu einer neuen Kombination hinreißen zu lassen. Vom zeitigen Frühjahr bis in den späten Herbst kann man Blumen, Blätter und Früchte als Vasenschmuck ernten und so ein Stückchen Garten in die Wohnung holen beziehungsweise Freunden einen ganz persönlichen Gartengruß übermitteln.

Natürlich haben sich Dahlien (*Dahlia*-Hybride), Sonnenblumen (*Helianthus annuus*) und Frauenmantel (*Alchemilla mollis*) als haltbare Blüten in Sträußen einen Namen gemacht. Doch man sollte sich nicht nur auf das Bewährte stürzen, sondern auch einmal etwas ausprobieren. Die wolligen Blütenstände von Wollziest (*Stachys lanata*), Ranken von Waldreben (*Clematis*) und dekorative Fruchtstände kommen als Vasenschmuck ganz groß heraus. Wichtig ist, dass man ein Gefühl entwickelt, die verschiedenen Farben und Formen harmonisch zu kombinieren. Außerdem sollten die Blüten länger als nur einen Tag halten. Türkenmohn (*Papaver orientale*), der ohnehin nur einen Tag blüht, kommt besser als Fruchtstand zur Geltung. Hilfreich für eine ansehnliche Kombination ist ein harmonisches Farbkonzept. Die Blütenfarben sollten sich ergänzen, so dass sich der Strauß als Einheit präsentiert. Pastelltöne bespielsweise ergänzen sich gut, oder man wählt einen Kontrast von roten und blauen Blüten. Pflückt man einen Arm voll Dahlien (*Dahlia*-Hybride), Tulpen (*Tulipa*-Hybride) oder Hortensien (*Hydrangea*-Hybride), so schwelgt man in dem Blütenreichtum des Gartens. Doch wenn man nicht so viele Blüten von einer Sorte findet, muss man die verschiedenen Blüten geschickt miteinander verbinden. Man wählt einige großblumige Arten aus und füllt die Zwischenräume mit kleinblumigen Blütenständen, wie denen von Schleierkraut (*Gypsophila paniculata*), Myrtenastern (*Aster ericoides*) oder Gräserblüten, die locker aufgebaut sind. So bekommt der ganze Strauß Fülle und einen Hauch von Leichtigkeit.

Wer noch keine Erfahrung mit dem Binden von Gartensträußen hat, der sollte sich an die folgenden Tipps halten. Für die Haltbarkeit der Gebinde ist es wichtig, dass man die Blüten zum richtigen Zeitpunkt erntet. Die Pflanzen dürfen nicht welk durch Trockenheit sein, daher wird man vor allem an warmen Sommertagen früh morgens in den Garten gehen, um die Blütenstiele zu ernten. Bei Rispen, wie denen von Rittersporn (*Delphinium*-Hybride) und Sommersalbei (*Salvia nemorosa*) sollte das untere Drittel der Knospen bereits geöffnet sein. Großblumige Knospen von Pfingstrosen (*Paeonia*-Hybride) sollten zwar noch geschlossen sein, wenn man sie erntet, sollten sich allerdings bereits weich anfühlen. Ähnlich ist es bei Schwertlilien (*Iris germanica*-Hybride). Damit die Lücken durch die Ernte nicht auffallen, schneidet man die Stängel immer von hinten beziehungsweise aus der Mitte von Blumenhorsten. Das hat zugleich den Vorteil, dass dicht stehende Horste besser durchlüftet werden. Sommerphlox (*Phlox paniculata*) beispielsweise zeigt sich durch den luftigeren Stand weniger anfällig für Mehltau. Hat man nun eine Hand voll Stiele geerntet, so bringt man sie an einen schattigen Platz und stellt sie in nicht zu kaltes Wasser. Für das Binden müssen die Stängel vorbereitet werden. Dazu werden die Blätter entfernt. Vor allem bei großlaubigen Arten, wie Sonnenblumen (*Helianthus annuus*) und auch bei Rosen (*Rosa*-Hybride) verlängert man so die Haltbarkeit, da über die Blätter viel Wasser verdunstet. Außerdem ist es wichtig, dass keine Blätter in das Vasenwasser hängen, sonst sammeln sich im Wasser unnötig Schadstoffe an, die das Welken der Blüten erheblich beschleunigen.

Sommerblumen für die schönsten Country-Sträuße

Einjähriger Rittersporn (*Delphinium consolida*), Sommeraster (*Callistephus sinensis*), Sonnenblume (*Helianthus annuus*), Ringelblume (*Calendula officinalis*), Strohblumen (*Helichrysum*), Duftwicken (*Lathyrus odoratus*), Schopfsalbei (*Salvia viridis*), Zinnie (*Zinnia elegans*)

Dahlie 'Apricot Star'

Dahlie 'Sugar Cane'

Dahlie 'Bridgeview Aloha'

Dahlie 'Giraffe'

Dahlie 'Patty'

Dahlie 'Red and White Fubuki'

Dahlie 'Chat noir'

Dahlie 'Royal Orange'

Rosenzauber

Altmodische Burgundertöne, romantische Rosatöne und extravagantes Apricot ziehen mit den Rosen in den Garten ein. Die Königin der Blumen verzaubert den Frühsommer mit einer Blütenfülle, die ihr kaum eine Pflanzengattung nachmacht. Im Cottage-Garten sorgt sie für großartige Momente, auch wenn sie sicherlich nicht nur natürlich daher kommt. Im Gegenteil: Rosenblüten sind kleine Kunstwerke. Schon im Knospenstadium wird so manche Moosrose zur Augenweide. Die Kelchblätter sind dicht behaart, so dass sie den Eindruck machen, von einem Moospolster überzogen zu sein. Öffnen sich die Blüten allmählich, so erscheinen kleine, ballförmige Figuren, wie bei der Kohlrose (*Rosa* × *centifolia* 'Major'). Meist sind die Blüten dicht gefüllt. Ein großer Reiz geht von geviertelten Blüten aus, die für Strauchrosen wie 'Charles Austin' orangegelb, 'Gloire de Dijon' orangerosa, 'Charles de Mills' dunkelpurpurrot und 'Charles Lawson' rosarot typisch sind. Es schwingt viel Nostalgie in diesen meist köstlich duftenden Blüten.

Aber auch die einfachen, kleinblumigen Rankrosen verzaubern den ländlichen Garten. 'Kiftsgate' cremeweiß, 'Veilchenblau' purpurviolett und 'Bobbie James' cremeweiß erweisen sich als sehr blütenreich. Das Charakteristikum dieser kletternden Sorten liegt darin, dass sie sehr lange, kräftige Triebe in den Sommermonaten bilden, an den sich die dichten Blütenbüschel im darauf folgenden Frühsommer bilden. Leider geht dieser Zauber mit einer einmaligen Blüte einher, während viele andere Sorten nach einer kleinen Pause bis in den Herbst blühen.

Natürlich gibt es Rosen in den verschiedensten Wuchsformen. Man kennt nieder liegende Bodendeckerrosen, kleine Beetrosen, Strauchrosen, Kletterrosen und die gärtnerische Kunstform des Hochstämmchens. Letzteres ist keine natürliche Wuchsform, denn die Edelreiser werden auf einen geraden Stamm veredelt und bilden die kugelige oder kaskadenförmig herabhängende Krone. Durch die Vielfalt an Wuchsformen gibt es eine Vielzahl von Möglichkeiten, die edlen Blütenschönheiten im Garten zu platzieren. Und sogar wenn der Garten klein ist, kann man mit den kletternden Sorten Platz sparend Rosen integrieren.

Die bevorzugten Ecken für hohe Strauch- und Kletterrosen sind Einzelstellungen. Schließlich ist die Wirkung so einzigartig und überzeugend, dass sie das Gartenbild prägen. Eine Kletterrose am Rankgerüst entfaltet sich so üppig, dass sie die Situation beherrscht. Für ein bewunderndes „Ah“ und „Oh“ reicht das schon aus. Man sollte das Umfeld bewusst ruhig gestalten, um die Wirkung zu steigern. Als Begleiter der Kletterrosen haben sich die sommerblühenden *Clematis*-Hybriden einen Namen gemacht. Die sternförmigen, großen Blüten können in der Wirkung mithalten, ohne dass man das Gefühl bekommt, sie wollten mit den Rosen konkurrieren.

Kleinere Strauchrosen und Beetrosen vertragen das Miteinander mit den Blumen des Country-Gartens. Sie ergänzen sich farblich und bilden hübsche Kontraste. Natürlich macht es Sinn, die Rosen eine Hauptrolle spielen zu lassen. Für die Wahl der Nachbarn bedeutet dieses, dass man kleinere und schlichtere Blüten als Partner auswählt. So kann man auch die Blütezeit verlängern, denn vor allem bei den Stauden ist die Blütezeit meist länger, wenn man bewusst Arten mit reichverzweigten Blütenständen und kleinen Einzelblüten auswählt. Eine Ausnahme stellt der Rittersporn (*Delphinium*-Hybride) dar. Er übertrumpft die Rosen optisch mit seinen mannshohen Rispen und erweist sich dabei dennoch als ein höflicher Kavalier und nicht als Thronanwärter. Mit dem aristokratischen Blau seiner Blüten fügt er sich mit Fingerspitzengefühl in die Situation ein.

Die Schönheit wilder Rosen

Wildrosen garantieren natürlichen Charme. Diese zum Teil heimischen Urformen der Rosen können die Gattung sehr stilvoll im Cottage-Garten vertreten. Bibernellrose '*Rosa pimpinellifolia*', Hechtrose '*Rosa glauca*' und Hundsrose '*Rosa canina*' bilden ansehnliche Sträucher. Neben den meist ungefüllten Blütenschalen der Arten schmücken im Herbst die Hagebutten die Zweige. Essigrose '*Rosa gallica*' und Kartoffelrose '*Rosa rugosa*' tragen große, kugelige Früchte, während die aus Asien stammende Vielblütige Rose '*Rosa multiflora*' erbsengroße Hagebutten trägt, die in den Doldenrispen dicht zusammenstehen. In der Regel sind die Wildrosen sehr robust und gesund, so dass man viel Freude und wenig Arbeit mit den Naturkindern hat.

Strauchrose 'Fantin Latour'

Niedrige Strauchrose 'Pearl Drift'

Bodendeckerrose 'Lavender Dream' zwischen Jungfer im Grünen (Nigella).

Englische Rose 'Barbara Austin'

Der Charme der feinen Düfte

Das Parfüm von Blättern und Blüten bereichert den Garten mit viel Sinnlichkeit. Wir nehmen Duft mit der Nase wahr und er prägt sich automatisch in das Gedächtnis ein. In emotionsreichen Momenten verknüpfen sich Duft und Erinnerung, so dass man beispielsweise auch nach vielen Jahren bei einem bestimmten Parfüm in die gleiche Stimmung versetzt wird. So kann der Duft von Bartnelken (*Dianthus barbatus*) einen selbst nach vielen Jahren an die Ferien bei der Großmutter erinnern und der Blauregen (*Wisteria sinensis*) weckt die Bilder an eine Jugendliebe, weil man sich in einer von Blauregen bewachsenen Pergola ganz fest in den Armen hielt.

Duftpflanzen haben im Country-Garten eine große Bedeutung, da sie den Zugang zu einer weiteren Sinnesebene und zu besonderen Erlebnissen öffnen. Bevor wir uns mit den duftenden Schönheiten auseinander setzen, sollten einige Gedanken zur richtigen Platzierung von Duftpflanzen angestellt werden. Die blühenden Parfümeure sollten möglichst so gepflanzt werden, dass man sie leicht erschnuppern kann. Duftende Kletterrosen schmücken den eisernen Rankbogen und die Hauswand neben der Gartentür. Lilien (*Lilium*-Hybride) werden so gesetzt, dass sich ihr Parfüm in Nasenhöhe entfalten kann. Die Zwiebeln der duftenden Tulpen (*Tulipa*-Hybride) werden am Sitzplatz so angeordnet, dass der Duft beim ersten Frühlingskaffee unter freiem Himmel wie eine Wolke schwebt. Und die Zwerge, wie Duftveilchen (*Viola odorata*), Maiglöckchen (*Convallaria majalis*) und Hyazinthen (*Hyacinthus orientalis*), bekommen nicht nur in den Beeten einen Platz, sondern auch im Topfgarten. So kann man die Gefäße zur Blüte auf einen Mauersims, den Gartentisch oder auf eine Étagère stellen, damit es nicht viel Mühe macht, die Nase in die wundervolle Pracht zu stecken. Wer im Garten eine Naturmauer hat, sollte hier die duftenden Schätze an den Rand pflanzen, um einen ähnlichen Effekt zu erzielen.

Neben den Pflanzen, die den Duft mit ihren Blüten verbreiten, gibt es einige, deren Blätter die gleiche Eigenschaft besitzen. Allerdings verbreitet sich das Parfüm meistens erst nach einer mechanischen Einwirkung. Streicht man also durch das Laub oder reibt ein einzelnes Blatt zwischen den Fingern, so entfaltet sich der Duft. Ein besonderes Erlebnis sind die Duftgeranien (*Pelargonium* in Arten und Sorten). Sie sind zwar nicht winterhart, aber eignen sich hervorragend als Thema für einen kleinen Topfgarten. Auf einer alten Leiter werden die Töpfe vom zeitigen Frühjahr bis zum Herbst arrangiert. Nun kann man immer mal ein Blatt abzupfen und den charakteristischen Duft der jeweiligen Geranie erschnuppern. Das Repertoire ist bei diesen Pflanzen sehr breit gefächert und reicht von Rosenduft bis zu einer Note von Apfel und Schokolade. Große Exemplare kann man auch an Beetecken aufstellen. Hier verlangsamt sich automatisch das Schritttempo und man kann kurz innehalten und den Duft auskosten. Ähnlich wird man Sträucher mit duftenden Blüten an Eckpunkten platzieren. Ein ganz besonderes Augenmerk liegt dabei auf den Winterblühern, die man nahe am Haus pflanzt, damit es keine große Mühe macht, den Duft in der kalten Jahreszeit zu genießen.

Duftende Sträucher

Seidelbast (*Daphne cneorum*), Federbuschstrauch (*Fothergilla major*), Rispen-Hortensie (*Hydrangea paniculata*), Duftblüte (*Osmanthus × burkwoodii*), Bauernjasmin (*Philadelphus*-Hybride), Gelbe Azalee (*Rhododendron luteum*), Holunder (*Sambucus nigra*), Flieder (*Syringa vulgaris*), Winterschneeball (*Viburnum × burkwoodii*), Koreanischer Schneeball (*Viburnum carlesii*), Duft-Schneeball (*Viburnum fragrans*)

Duftende Kletterpflanzen

Sternhortensie (*Decumaria barbara*), Echter Jasmin (*Jasminum officinale*), Geißblatt (*Lonicera periclymenum*), Blauregen (*Wisteria sinensis*)

Rosen (Rosa 'Ayrshire Queen') verzaubern den Sitzplatz in der Laube mit köstlichen Blütendüften.

Die duftenden Blüten der Katzenminze (Nepeta × fassenii) legen sich zwischen die verschiedenen Rosen.

Nun sollte man aber nicht den Fehler machen und um jeden Preis duftende Pflanzen in den Garten bringen. Schließlich muss einem das jeweilige Parfüm zusagen und man sollte nicht vor einem verwirrenden Potpourri stehen, das die Sinne überreizt. Intensiv duftende Pflanzen wie der Koreanische Schneeball (*Viburnum carlesii*) beispielsweise sollten eine Einzelstellung bekommen. Er macht sich auch aus einer größeren Entfernung auf sich aufmerksam. Steht er jedoch in der Nähe eines Sitzplatzes, kann der Duft lästig werden und bei empfindlichen Personen sogar Kopfschmerzen auslösen. Auch Flieder (*Syringa*-Hybride) bleibt angenehm dezent, wenn der Duft hin und wieder zum Sitzplatz geweht wird, aber nicht die ganze Nacht durch das geöffnete Schlafzimmerfenster in die Wohnung dringt. Ganz ähnlich sieht es mit den Engelstrompeten (*Brugmansia*-Hybriden) aus, die als Kübelpflanzen gerne zur Bereicherung von Sitzplätzen verwendet werden.

Unter dem Fuß der Strauchmalve (Lavatera olbia) erfüllt im Hochsommer der Duft des Lavendels (Lavandula angustifolia) den Garten.

Wenn man duftende Gruppen bildet, so sollten sich die Düfte harmonisch ergänzen. Zu einem kräftigen, klassischen Rosenduft, wie dem der 'Rose de Resht', passt beispielsweise der Duft von Lavendel (*Lavandula angustifolia*). Dieser würzige, mediterrane Duft ergänzt auch die kräftige Note von Indianernessel (*Monarda*-Hybride) und das blumige Parfüm von Sommerphlox (*Phlox paniculata*). Wenn die Maiglöckchen (*Convallaria majalis*) ihre Blüten öffnen, macht sich auch der Waldmeister (*Galium odoratum*) breit. Diese Kombination ist angenehm und leicht. Sie kann durch die süßlichen Düfte des Lerchensporns (*Corydalis cava*) ergänzt werden. Wer etwas süßliches Parfum in eine Bepflanzung geschickt einbringen will, der sollte Reseden (*Reseda odorata*) pflanzen. Die grünlichen Blüten der Einjährigen sind unscheinbar, aber das Parfüm ist umso intensiver.

Wer die würzigen Düfte des Mittelmeers bevorzugt, der wird Salbei (*Salvia officinalis*) und Rosmarin (*Rosmarinus officinalis*), sowie einige Büsche von Thymian (*Thymus vulgaris*) setzten.

Als Einfassung oder Eckbepflanzung kommen diese Kräuter sehr gut zur Geltung und man streift auch im Vorübergehen daran vorbei, so dass sich der typische Duft entfaltet. Eine raffinierte Möglichkeit den Duft in eine Bepflanzung zu integrieren besteht in einem Rasen aus Kamille (*Matricaria recutita*) und Polsterthymian (*Thymus serpyllum*). Diese bilden flache, dichte Polster, die sich in den Lücken zwischen Pflanzen ausbreiten. Sie sind trittfest, so dass man darüber laufen kann. Durch den Druck lösen sich die feinen Duftwolken. So kann man beispielsweise in einer breiten Rabatte Trittsteine einfassen beziehungsweise sie zu einem Pfad miteinander verbinden. Oder man plant die kleinen flachen Polster als zusätzliche Trittflächen ein, damit man die benachbarten Pflanzen problemlos schneiden und ausputzen kann.

Die weißblühende Form des Blauregens (Wisteria sinensis 'Alba').

Der klassische, fliederfarbene Blauregen (Wisteria sinensis) mit Zierlauch (Allium aflatunense).

Rhododendronbüsche bringen leuchtende Farben in das Unterholz.

Woodland-Garten

Der typische Country-Garten liegt in der Sonne und davon profitiert die Vegetation. Doch manchmal sind die Grundstücke größer, das Cottage ist ein ansehnliches Landhaus und die Gartenflächen werden von einem alten Gehölzbestand strukturiert. Viel Fläche bedeutet viel Arbeit. Aber wenn man nicht ein bisschen Hand anlegt, dann öffnet man in erster Linie Unkräutern Tür und Tor. Für die schattigen Bereiche kennt der Engländer eine wundervolle Gestaltungsmöglichkeit: den Woodland-Garten. Im Deutschen würde man den Fachbegriff mit der Bezeichnung „Waldgarten“ übersetzen. Das Prinzip ist einfach: Unter Bäumen und zwischen Sträuchern, die im Garten bereits eingewachsen sind, begrünt man die Flächen mit einer Mischung aus den typischen Pflanzen der heimischen Wälder und ein paar Exoten aus asiatischen oder nordamerikanischen Wäldern. So entsteht eine wundervolle Mischung, die sich vor allem deshalb so wundervoll mit einem blumigen Country-Garten verbinden lässt, weil sie nicht auf formalen Grundsätzen beruht, sondern sich an die Gesetze der Wildnis hält.

Der Waldgarten ist in der Mitte des 19. Jahrhunderts entstanden. In dieser Zeit machte sich romantisches Gedankengut breit. Zugleich kamen viele neue Sträucher und Blumen nach Europa. Eine Vielzahl stammte von den Himalaya-Expeditionen. Das heißt: Die Pflanzen stammten aus stark bewaldeten Regionen und ohne Schatten hätten die kostbaren Primelschönheiten und Prachtspieren (*Astilbe* in Arten und Sorten) wohl kaum einen geeigneten Platz im englischen Garten der damaligen Zeit gefunden. Eine große Herausforderung stellten auch die Rhododendren (*Rhododendron* in Arten) dar, die man aus Asien einführte. So ergänzten sich Ideen aus ganz verschiedenen Richtungen. Man entwickelte die naturnahe Gestaltung schattiger Gärten und es hielt pure Romantik Einzug in den Garten.

Vielfach wurde eine vorhandene Gehölzstruktur genutzt. In ländlichen Gegenden bestand nicht selten eine enge Verknüpfung des Gartenareals mit den angrenzenden Wäldern. Hinsichtlich der Art die Pflanzen anzuordnen und die Flächen zu verteilen bekommt man in einem natürlichen Baumbestand gute Anregungen. Man sollte allerdings nie von einem reinen Nadelgehölzwald ausgehen, denn hier ergibt sich nicht der jahreszeitliche Wechsel von Licht und Schatten. Meist hat der Boden auch nicht die lockere, humose Struktur, die für das üppige Wachstum der krautigen Pflanzen wichtig ist.

Die romantischen Ideen des Woodland-Gartens fanden auch recht bald in Deutschland Anhänger. Allen voran war es der berühmte Staudenzüchter und -gärtner Karl Foerster, der die Ideen aufgriff. Er entdeckte viele Stauden für den Garten und damit natürlich auch Gräser und Farne als zierende Schönheiten. Zudem kannte der in Bornim ansässige Karl Foerster viele Gärten, deren Charakter durch einzelne Kiefern bestimmt waren. Diese kahlstämmigen, staksigen Gehölze waren die Reste einer ursprünglichen Bewaldung. Der Staudengärtner versuchte nun den Raum zwischen den Kronen und dem Boden lebendig zu füllen. Mit Hilfe von Sträuchern und Stauden gelang ihm dieses und man erkannte die Schönheit der schattigen Gärten.

Heute entdeckt man auch die wohltuende Notwendigkeit. Schließlich ist man froh, wenn man im Sommer den kühlenden Schutz des Schattens aufsuchen kann und sich nicht ausnahmslos den nicht ganz ungefährlichen Sonnenstrahlen aussetzen muss.

Nicht der Sommer ist jedoch der Höhepunkt des Woodland-Gartens, sondern das Frühjahr. Wenn die sonnigen Bereiche noch im Winterschlaf ruhen, regt sich im Unterholz bereits das Leben. Die Herzen der immergrünen Lenzrosen (*Helleborus orientalis*) beginnen zu schwellen, es schieben sich die ersten grünen Nasen der Schneeglöckchen (*Galanthus nivalis*) in die Höhe und irgendwie wird die Schicht des Herbstlaubes immer dünner. Winzige Löcher in den beigebraunen Buchenblättern deuten an, dass nicht nur die Pflanzen erwachen. Auch das Bodenleben beginnt seine Aktivität. Noch sind die Kronen der Bäume kahl und das Licht dringt bis auf den Boden und erwärmt ihn. Die Frühlingsboten haben sich genau an diese Bedingung angepasst. Sie sitzen in den Startlöchern und warten nur noch darauf, dass das Thermometer steigt.

Die ersten Blütenteppiche stammen meist von Zwiebelblumen wie Elfenkrokus (*Crocus tommasinianus*) und Alpenveilchen (*Cyclamen coum*), denn sie haben in ihrem verdickten Spross genügend Nährstoffe eingelagert um nun zu blühen. Meist erscheinen die Blüten schon vor den Blättern. Es folgen zügig die kleinen Kissen der Himmelschlüsselchen (*Primula veris*) und die weiten Teppiche der Buschwindröschen (*Anemone nemorosa*). Schaut man genauer hin oder besser gesagt schnuppert man einmal in den Mittagsstunden durch das Unterholz, dann wird man auch süßliche Duftnoten bemerken. Die Kissen der Duftveilchen (*Viola odorata*) treiben unermüdlich ihre violetten Blüten.

Der Frühlingsreigen ist jetzt eröffnet und in dem feuchten Boden, an halbschattigen Plätzen, blühen jetzt auch Narzissen in dichten Büscheln. Dazwischen rollen sich die grasgrünen Wedel der Farne aus. Wintergrüne Schönheiten wie die Waldmarbel (*Luzula sylvatica*) nutzen den Moment um das Laub zu erneuern. Der Günsel (*Ajuga reptans*) bekommt neue Blätter und allmählich welken auch an den Elfenblumen (*Epimedium*) die Blätter des Vorjahres. Jetzt sollte man vielleicht einmal kurz eingreifen um diesen Prozess etwas zu beschleunigen und die alten Blätter ausputzen. So kommen die schönen Blüten richtig gut zur Geltung. Die Pflanzendecke wird immer höher, so dass die ersten Blumen des Jahres bereits mit reifen Samenständen dastehen und das Blattwerk allmählich gelb und welk wird. Doch das fällt fast nicht mehr auf.

Der Höhepunkt hält bis in den Mai an. Frühblühende Waldreben wie *Clematis alpina* und *Clematis montana* klettern mit ihrem Blütenschmuck zwischen den Sträuchern hindurch. Herrlich ergänzen sie die satten Farbkleckse, die die Hasenglöckchen (*Hyacinthoides non-scripta*) zwischen den grünen Laubdecken hinterlassen. Und wie ein Streichholz entzünden die Akrobaten das Blütenfeuerwerk der Gehölze. Zierkirschen (*Prunus* in Arten) und Azaleen (*Rhododendron*-Hybride) erblühen und ganz allmählich wird es schattig im Unterholz. Im ersten Moment fällt es gar nicht auf. Die Luft erwärmt sich immer stärker, das Licht wird greller – doch die ersten Blätter entfalten sich und ihr zartes Grün legt sich wie ein Schleier vor die Sonnenstrahlen. Jetzt entstehen besondere romantische Lichterspiele, denn die Konturen zwischen Licht und Schatten sind sanft und weich. Düfte schwirren durch die Luft und tragen dazu bei, dass sich die Kraft auch auf das Gemüt überträgt. Süßliche Maiglöckchen (*Convallaria majalis*) und Waldmeister (*Galium odoratum*) lassen einen träumen, während die würzige Zwiebelnote des Bärlauchs (*Allium ursinum*) die Sinne weckt.

Das Schauspiel wird allmählich ruhiger, die Farben verwischen und werden fahler. Wenn in den Lichtungen die Holunderbüsche (*Sambucus nigra*) ihre cremeweißen Blütenteller aufstellen und die großen Rosetten des Fingerhutes (*Digitalis purpurea*) in die Höhe schießen, naht das Ende des Frühlingsfestes. Jetzt übernehmen Farne, Gräser sowie Blattschmuckschönheiten wie Funkien (*Hosta* in Arten und Sorten) und Purpurglöckchen (*Heuchera micrantha*) die Führung. Mit feinen Zeichnungen, überraschenden Texturen und einem unnachahmlichen Formenspiel begrünen sie unermüdlich das Unterholz und schützen die Zwiebeln, die zwischen ihren Wurzeln schlummern, in Erwartung des nächsten Frühlings.

William Robinson, der Vater des Woodland-Gartens

Es war eine kleine, blaue Anemone *(Anemone apenina)*, die ihre Blütenteppiche in einem Wald ausgebreitet hatte. Diesem Anblick konnte der junge Gärtner William Robinson nicht widerstehen. Die schlichte Schönheit faszinierte den gebürtigen Iren, der nach seiner Ausbildung im Alter von 23 Jahren beschloss nach England zu gehen. Es war das Jahr 1861 und im Königreich erlebte der formale Garten seinen Höhepunkt. Doch diese gestylte Gartenkunst und die vielen neuen Pflanzen, die von den Seefahrer aus aller Welt mitgebracht wurden, ließen ihn kalt. Seine Liebe gehörte den Schönheiten, die in der heimischen Wildnis zuhause waren. Im königlichen Botanischen Garten von Regent´s Park in London betreute er die Wildpflanzen und schon bald entdeckte man seine Fähigkeit, Pflanzungen naturnah zu gestalten. William Robinson machte sich nicht nur als Gärtner einen Namen. Er wurde Korrespondent für die *Times* und hielt seine Gedanken in Büchern fest. *The Wild Garden* aus dem Jahre 1870 und *The Englisch Flower Garden* haben einen festen Platz in der Fachliteratur. Auch Zeitschriften wie *The Garden* und *Gardening Illustrated* brachte er heraus, um seine romantischen Ideen auch dem Hobbygärtner näher zu bringen. 1884 konnte er seine Ideen und Vorstellungen von der naturnahen Gartengestaltung endlich verwirklichen. Er kaufte den Landsitz Gravetye Manor in Sussex. Er lebte und wirkte dort bis zu seinem Tod 1935.

Das Mammutblatt (Gunnera) baut seine stattlichen Blätter zwischen Rhododendronbüschen auf. Es braucht einen guten Winterschutz in unseren Breiten.

Laubabwerfende Rhododendronbüsche schmücken sich mit bunten, duftenden Blüten in einer Lichtung.

Gelbe Blüten des Pagoden-Hundszahn (Erythronium tuolumnense) zwischen den treibenden Wedeln des Trichterfarns (Matteuccia struthiopteris).

Wiesenzauber

Rasenflächen kennt der stilechte Country-Garten nicht. Doch wenn die Familie sich hier arrangieren will, wird man, zumindest solange die Kinder klein sind, nicht auf das Grün zum Toben und Spielen verzichten wollen. An dieser Stelle sollte man sich souverän daran erinnern, dass sich der ländliche Garten durch Formlosigkeit definiert. Solange, wie man einen strapazierfähigen Rasen benötigt, wird man eine Saatmischung zum Spielen aussäen. Wenn dann später der Bedarf für Nachwuchskicker und Kindergeburtstage geringer wird, kann man die Fläche in eine kultivierte Wiese verwandeln. Für ausgesäte Wiese mit Margeriten (*Leucanthemum vulgare*) und Klatschmohn (*Papaver rhoeas*) braucht man nicht nur sehr viel Erfahrung, sondern auch einen nährstoffarmen Boden. Schwierigkeiten sind vorprogrammiert, zumal man die Fläche regelmäßig mähen muss.

Eine Alternative für eine bezaubernde Wiese besteht darin, dass man diese aus mehrjährigen Gartenblumen pflanzt. Dazu gehören natürlich typische Blüten einer Wiese. Die großen Blütenschalen des blauen Storchschnabels (*Geranium pratense*) gehören ebenso dazu wie die violetten Knöpfe von Skabiosen (*Scabiosa*) und Witwenblumen (*Knautia*). Weiße Dolden von Wiesenkerbel (*Anthriscus sylvestris*), die schlichten Margeritenblüten (*Leucanthemum vulgare*) und die schleierartigen Blütenstände von Gräsern machen die Wiese perfekt. Nun kann man mit Hilfe von Stauden eine solche Kombination zusammenstellen. Hierbei kann man sich auf natürliche Pflanzengemeinschaften beziehen, wenn man dann etwas mehr Erfahrung hat, aber auch einzelne Arten ergänzen und sehen, ob sie sich durchsetzen.

Für die Bepflanzung sollte man eine größere Fläche reservieren, damit sich eine gute Wirkung entfalten kann. Als idealer Start für eine solche Wiese eignen sich kleinblumige Narzissen (*Narcissus*-Hybride), die man zu hunderten über die gesamte Pflanzfläche verteilt. Sie werden im Herbst gepflanzt. Es ist ratsam, dass man die Stauden zur gleichen Zeit pflanzt. Wieseniris (*Iris sibirica*), Jakobsleiter (*Polemonium caeruleum*) und Gemswurz (*Doronicum orientalis*) ergänzen ebenso wie die verschiedenen Arten des Storchschnabels (*Geranium phaeum, G. magnificum*), Sommersalbei (*Salvia nemorosa*) und der Frauenmantel (*Alchemilla epipsila*) die Vielfalt einer wiesenartigen Bepflanzung. Auf sauren Böden wirken auch Lupinen (*Lupinus*-Hybride) besonders attraktiv. Als Gräser kann man Schwingel (*Festuca mairei*) und Seggen (*Carex*) verwenden.

Im Vergleich zu einer Beetbepflanzung wird man nie größere Gruppen pflanzen, sondern versuchen die Arten stark zu durchmischen. Natürlich lässt man den Pflanzen immer ausreichend Platz, damit sich die Horste im Laufe der Zeit entwickeln können. Die Pflanzendecke, die nun im Garten heranwächst, hat zur Narzissenblüte ihren ersten Höhepunkt. Die welken Blüten sollte man entfernen, damit die Kraft nicht in die Fruchtbildung vergeudet wird. In den ersten Jahren wird man auch im Herbst immer noch einige frische Zwiebeln ergänzen, damit sich die Frühlingsblüher durchsetzen können. Wählt man Sorten mit einer frühen und einer späten Blütezeit, kann man die Pracht geschickt verlängern. Wenn die Blätter der Narzissen gelb werden, wachsen bereits die Stauden hoch und verdecken so rasch das unschöne Blattwerk. Bald schon werden die ersten Blüten in Erscheinung treten und die Wiese beleben. Nach einer meist etwas langsamen Anlaufzeit von zwei bis drei Jahren wird sich das Zusammenspiel einstellen. Lücken füllt man dann rasch, indem man von großen Horsten ein Stück absticht und es an die leere Stelle setzt. Auch mit Hilfe von ein paar Samenkörnern kann man versuchen die Vielfalt zu vergrößern. Meist wird man aber staunen, wie sich die Wiese fast ganz von alleine entwickelt und sich aus dem Umland, den benachbarten Beeten und Gärten, die eine oder andere Pflanze ansiedelt. Diese sollte man gewähren lassen, denn in der Überraschung liegt ein besonderer Reiz. Und schon bald wird man merken, dass auch die Vielfalt der Insekten, Falter und Vögel zunimmt, denn in einer solchen Wiese verbirgt sich nicht nur ein reiches Nahrungsangebot, sondern auch Unterschlupf und Nistplätze. Im zeitigen Frühjahr, wenn die Nasen der Narzissen aus der Erde ragen, beginnt man die trockenen Triebe bodennah zurück zu schneiden, damit sich das Geflecht aus Trieben, Blättern und Blüten neu aufbauen kann.

Eine wiesenartige Pflanzung mit Schwertlilien (Iris germanica), Katzenminze (Nepeta x faassenii) und Taglilien (Hemerocallis-Hybride).

Wieseniris (Iris sibirica), Prärielilien (Camassia) und Lupinen (Lupinus polyphyllus) ergänzen sich zu einer frühsommerlichen Wiesenpflanzung.

Rote Mohnblüten (Papaver) leuchten zwischen dem Blau von Schwertlilien (Iris germanica).

Äpfel schmecken am besten, wenn man sie selbst frisch vom Baum gepflückt hat.

Gaumenfreuden und Augenweiden

Wenn im Sommer die Kirschen reifen und die goldgelben Äpfel im Oktober an den Zweigen leuchten, wird das Gartenvergnügen zu einer Naschpartie. Man pflückt die zuckersüßen Früchte direkt vom Baum und schwelgt in den köstlichen Aromen. Mit diesem Erlebnis verknüpft sich im Country-Garten natürlich auch eine große Portion an Nostalgie, denn es gehört schon zum Luxus so frisch die Früchte ernten zu dürfen und sich diesem Vergnügen hingeben zu können. Wenn dann das Jahr noch besonders gut war und man eine kleine Rekordernte zu verzeichnen hat, lohnt es sich sogar ein paar von Großmutters Marmeladenrezepten auszuprobieren und die fruchtige Frische für den Winter zu konservieren. Je kleiner der Garten, desto schwieriger ist es natürlich die schmackhaften Köstlichkeiten im Garten unterzubringen. Man wird sich beschränken müssen, aber zum Glück machen die meisten Obstgehölze eine gute Figur, weil sie üppig blühen. Da kann man als symbolischen Hausbaum statt eines Ahorns (*Acer platanoides*) auch eine Quitte (*Cydonia oblonga*) setzen. Die malerischen Blüten sind groß und im Herbst gibt es die köstlich duftenden Früchte, aus denen man herrliches Konfekt und feines Gelee bereiten kann. Der Vorteil der Obstgehölze besteht vor allem darin, dass man die Wuchsstärke durch eine schwachwachsende Unterlage beeinflussen kann. Bei der Auswahl lässt man sich von einem örtlichen Baumschuler beraten, zumal der auch weiß, welche Sorten in der jeweiligen Region gut reifen. Und wer ganz wenig Platz hat, der kann auf Spalierobst, das vorzugsweise an einer Mauer gezogen wird, zurückgreifen. Allerdings sind vorgezogene Spaliere meist etwas kostspieliger und man sollte sich die Zeit nehmen den richtigen Schnitt zu lernen.

Beerensträucher kann man vorzugsweise als Raumteiler verwenden. So kann man eine Reihe aus Schwarzen Johannisbeersträuchern (*Ribes nigrum*) an die Grenze zwischen Rosenbeet und Blumenrabatte setzen. Oder man pflanzt einige Himbeersträucher (*Rubus idaeus*) statt einer geschnittenen Hecke. Dabei muss man dann nur bedenken, dass man einen schmalen Arbeitsstreifen offen lässt, so dass man Pflege- und Erntearbeiten leicht ausführen kann. Hochstämmchen von Stachelbeeren (*Ribes uva-crispa*) machen sogar im Blumenbeet als Blickfang eine gute Figur, weil die kugelige Krone als formales Element dekorativ wirkt.

Die Gemüseanzucht für die Selbstversorger steht sicherlich immer seltener im Hauptinteresse des Country-Gärtners. Schließlich versteckt sich hinter einem solchen Vorhaben nicht nur eine große Fachkenntnis, wann man welche Pflanzen wie anbaut, sondern auch ein sehr zeitintensives Projekt. Schließlich ist der Sommer die Haupterntezeit und wer den ländlichen Garten auch genießen will, der wird rasch von der Idee Abstand nehmen. Schließlich muss für eine gute Gemüsequalität der Boden nicht nur hochwertig, sondern auch unbelastet sein. Je städtischer man wohnt, desto schwieriger wird eine solche Voraussetzung gegeben sein.

Die Sache mit der Befruchtung

Will man Obst im Garten ernten können, so muss die Befruchtung der Blüten sichergestellt sein. Vielfach kann eine zuverlässige Befruchtung nur dadurch gewährleistet werden, dass sortenfremde Pollen zur Verfügung stehen. Im ländlichen Bereich, wo viele Obstbäume und zum Teil auch Plantagen angelegt sind, besteht ein reger Austausch. In städtischen Regionen muss man dagegen Befruchtersorten pflanzen. Daher sollte man sich beim Kauf eines Obstbaumes immer durch den Fachmann beraten lassen, damit man nicht nur schön blühende Obstbäume im Garten hat, sondern auch Früchte ernten kann.

Saftige Pflaumen versprechen köstliche Blechkuchen und ein feines Pflaumenmus.

Zierkürbisse klettern auch an einem alten Zaun empor.

Kürbisse wie der 'Blue Hubbard' sehen dekorativ aus.

Eingemachte Köstlichkeiten erinnern noch lange an den schönen Sommer.

Aber natürlich ist die Anzucht von Gemüse nicht vollkommen tabu, denn so manches Gemüse gehört einfach zum Country-Garten. Im Halbschatten beispielsweise wächst der Rhabarber (*Rheum officinale*), dessen Stiele ähnlich wie Erdbeeren zum Frühling gehören. Zudem stellen die Blätter im Sommer einen schlichten und zugleich malerischen Blickfang dar. Und daneben liegen traditionelle Gemüsearten im Trend. Die Artischocke (*Cynara cardunculus*) beispielsweise wird nicht nur wegen ihres schmackhaften Blütenbodens, sondern auch wegen der malerischen violettblauen Blüten gepflanzt. Die mehrjährige Staude benötigt einen tiefgründigen Boden, damit sich die Pfahlwurzel gut ausbreiten kann. Ein ähnliches Gemüse, das über viele Jahre hinweg in Vergessenheit geraten war, ist der Meerkohl (*Crambe maritima*). Die Staude bildet riesige Blätter und einen mannshohen Blütenstand, der der Pflanze auch den Namen Riesenschleierkraut eingebracht hat. Die gebleichten Triebe werden als Gemüse zubereitet. Der Geschmack ist gewöhnungsbedürftig, dennoch wird man sich an die malerischen Blütenstände um so schneller gewöhnen. Neben diesen wahrhaft exotischen Gemüsearten kommen eine ganze Reihe von traditionellen Arten wieder in den Trend. Kürbis (*Cucurbita*), Mangold (*Beta vulgaris* ssp. *cicla*) und Tomate (*Lycopersicon*) erleben eine große Renaissance. Es werden viele verschiedene Sorten als Saatgut angeboten, und so wird man im ländlichen Garten auch mal die getigerte oder eine gelbfruchtige Tomate ausprobieren. An einem alten, gerade gewachsenen Ast bindet man die Tomatenstöcke fest, so dass die Situation, die mit Studentenblumen (*Tagetes erecta*) und Kapuzinerkresse (*Tropaeolum majus*) unterpflanzt wird, an ländliche Nutzgärten erinnert.

Die Neugierde treibt uns zum Experimentieren und so ist es ein wundervolles Erlebnis, wenn man tatsächlich zwischen den roten Zinnien (*Zinnia elegans*) die roten Mangoldtriebe leuchten sieht oder zu den Pastelltönen von Elfenspiegel (*Diascia*-Hybride) und kleinen Beetrosen mit lachsfarbenen Blüten die Sortenmischung mit gelben, orange- und rosafarbenen Stielen setzt. Es bleibt dem eigenen Belieben überlassen, ob man den Mangold auch in der Küche verwendet oder ob man die schmucke Kombination in erster Linie für die optische Gestaltung plant. Man sollte nur beachten, dass der Mangold hin und wieder beerntet werden sollte, damit vitale, farbintensive Stängel nachwachsen.

Mit dem Kürbis verhält es sich etwas anders, denn so schön und vielfältig die angebotenen Sorten Früchte auch sind, soviel Platz benötigen sie. Wer einen Kompost im Garten hat, kann den Wunsch nach eigenen, ungewöhnlichen Kürbissen leicht verwirklichen. Auf der Fensterbank zieht man die Pflanzen aus Samen an, um sie nach den Eisheiligen Mitte Mai ins Freie zu setzen. Dabei sollten die Setzlinge nicht in den Kompost gesetzt werden, sondern seitlich neben die Miete gepflanzt werden. Dieses hat den Vorteil, dass die Wurzeln gut mit den Nährstoffen versorgt werden, die aus dem Kompost ausgewaschen werden. Schließlich zählt der Kürbis zu den Starkzehrern. Würde man die Pflanzen in den Kompost setzen, entziehen die Wurzeln den verrottenden Pflanzenabfällen die Nährstoffe. So wird der entstehende Humus weniger wertvoll und außerdem können die Umsetzungsprozesse durch den Entzug verlangsamt werden. Die Triebe der Kürbispflanzen legt man über die Miete, damit die Blätter Schatten spenden und so verhindert wird, dass die Erde allzu schnell austrocknet. Wer einige Brachflächen im Garten hat, kann diese auch mit Kürbis bepflanzen. Allerdings muss man den Boden zunächst mit abgelagertem Stallmist anreichern, damit dieses schnell wachsende Gemüse ausreichend versorgt wird. Wenn die Früchte heranwachsen, sollte man sie grundsätzlich auf eine Strohpackung legen, damit sie trocken liegen und möglichst von allen Seiten schön anzusehen sind. Wer nun diese räumlichen Möglichkeiten für die eigene Kürbisanzucht nicht hat, sollte nicht verzagen. In vielen Hofläden bekommt man mittlerweile ab Ende August die verschiedensten Kürbisse. So kann man zum Sommerende einige Prachtexemplare kaufen und sie im Garten dekorativ zur Schau stellen.

Neben Gemüse und Obst liefert ein Garten auch die aromatische Würze von Kräutern. Schnittlauch (*Allium schoenoprasum*) und Petersilie (*Petroselinum crispum*) gehören zu den Klassikern unter den Gewürzkräutern. Aber auch Kerbel (*Anthriscus cerefolium*) breitet sich im Frühjahr mit seinen frischgrünen Blättern aus und würzt so manche Frühlingssuppe. Man kann sie zwischen die Gartenblumen setzen und nach Bedarf beernten. Auch eine große Anzahl von mediterranen Kräutern hat die Country-Gärten erobert. Salbei (*Salvia officinalis*) schmückt mit verschiedenen Laubfärbungen die Beete. Die Sorte *Icterina* mit ihren gelbmarmorierten Blättern sieht zwischen gelbblühenden Sommerstauden besonders dekorativ aus, während man mit der rotlaubigen Sorte *Purpurascens* die rosaroten Blüten von Beetrosen zum Leuchten bringt. Ähnlich bringen Zitronenthymian (*Thymus* × *citriodorus*) und Pfefferminze (*Mentha* × *suaveolens*) viel Abwechslung in das Beet und die Küche. Diese schmückende Wirkung der Blätter kann man durch einige rotlaubige Pflücksalate wie Eichblattsalat und Lollo Rosso unterstützen. Die Salate werden zunächst regelmäßig beerntet und schließlich werden sie mit zunehmender Wärme schießen. Sie bilden witzige kleine Kegel und manche zeigen mit wasserblauen Cichorienblüten ihre Verwandtschaft mit der Wegewarte.

Viele mediterrane Kräuter gehören mittlerweile zum Standartrepertoire eines Garten, so dürfen sie auch im Country-Garten nicht fehlen. Rosmarin (*Rosmarinus officinalis*), Lorbeer (*Laurus nobilis*) und Basilikum (*Ocimum basilicum*) lieben es warm und sonnig. Daher sollte man ihnen im Topfgarten ein entsprechendes Plätzchen reservieren.

Aber es kommt auch so manches vergessene Kraut wieder in die Küche und in den Garten. Der Bärlauch (*Allium ursinum*) wurde jahrelang verschmäht, doch mittlerweile kann man ihn im Frühjahr überall kaufen. Im schattigen Unterholz kann man ihn sehr gut pflanzen, er schmückt dann im Mai die Bereiche mit seinen weißen Blütenständen, die an Paukenschläger erinnern. Anschließend zieht er ein und hat meist zuvor so viele Samen angesetzt, dass man bald schon die Nachbarn mit ein paar Exemplaren erfreuen kann.

Auch der Sauerampfer (*Rumex*) hält wieder mehr und mehr Einzug in den Garten. Vor allem der rotgeaderte *Rumex atrosanguineus* sieht im Salat sehr dekorativ aus und stellt sich im Garten als Blickfang heraus, den man auch im Topf gut kultivieren kann.

In Zinkwannen trägt man die reiche Ernte eines Herbsttages zusammen.

Wenn die Brombeeren reif sind, kocht man aus den schwarzen Beeren ein köstliches Gelee.

Reife Holunderbeeren werden zu Saft verarbeitet, der bei einer winterlichen Grippe den Kreislauf anregt.

Country-Topfgarten

Bei der optimalen Ausnutzung der Fläche kommt man nicht um einen kleinen Topfgarten herum. Je kleiner der Garten ist, der zur Verfügung steht, desto eher wird man auf die mobile Lösung zurückgreifen. Es gibt nur wenige Pflanzen, die man nicht in einem Gefäß heranziehen kann. Durch die zusätzliche Verwendung von Étagèren, Jardinièren, selbstgebauten Blumentreppen und schmuck hergerichteten Leitern wird der Topfgarten zu einem Gestaltungselement mit einer ungeheuren Pflanzendichte: Nicht nur nebeneinander, sondern auch übereinander können die Blumen angeordnet werden. Natürlich darf man es nicht allzu sehr übertreiben, denn eine erhöhte Pflanzendichte bedeutet auch, dass der Pflegeaufwand steigt, und Krankheiten können sich leichter ausbreiten. Es geht vielmehr darum, dass man zum Beispiel in Bereichen der Terrasse, wo keine Beetflächen zur Verfügung stehen, oder vor dem Gartenhäuschen einen kleinen Blickfang aufbaut. So bekommen weitere Pflanzen die Möglichkeit in den Garten einzuziehen. Beispielsweise kann man den Frühling durch ein paar angetriebene Zwiebelblumen verfrüht einleiten, ein Kräutergärtlein errichten oder eine Sammlung mit seltenen Geranien (*Pelargonien*) aufbauen.

Die Pflanzen benötigen Halt, Nährstoffe und Wasser. Diese funktionalen Aufgaben übernehmen Gefäß und Substrat im Topfgarten. Wichtig ist, dass die Gefäße ein Loch im Boden haben, damit überschüssiges Wasser abfließen kann. Auf der anderen Seite sollten die Gefäßwände einen gewissen Verdunstungsschutz darstellen, damit die Erde in einer Hitzeperiode nicht ständig trocken ist. Zugleich sollte sich das Gefäß nicht zu sehr in der Sonne aufheizen. In schwarzen Gefäßen zum Beispiel aus Zink kann die Temperatur so stark steigen, dass die feinen Wurzeln verbrennen und die Pflanzen kümmern. Wer seine Schönheiten des Topfgartens im Freien überwintern will, der sollte darauf achten, dass die Gefäße frostfest sind. Bei Tongefäßen ist diese Eigenschaft nicht immer garantiert. Allein der Hinweis, dass es sich um eine italienische Ware oder ein Gefäß aus Impruneta handelt, reicht nicht aus.

Ansonsten ist eigentlich alles dem persönlichen Geschmack und dem Stil des Topfgärtners überlassen. Dabei ist aber zu beachten, dass ein gewisser morbider Charme dem Country-Garten sehr entgegen kommt. So kann man beispielsweise einfach Tontöpfe mit Hilfe einer Mixtur aus Buttermilch und Wasser rasch altern lassen. Man mischt die beiden Zutaten und streicht die zuvor gewässerten Tongefäße damit ein. Nun stellt man sie an einen halbschattigen, leicht feuchten Platz und innerhalb von wenigen Wochen hat sich ein grünlicher Algenbelag auf den Töpfen ausgebreitet, der ihnen den Anschein gibt, dass sie schon viele Jahre in Gebrauch sind. Auch mit Dispersionsfarbe, groben Bürsten und Schwämmen werden Tontöpfe zu Unikaten mit Patina. Natürlich muss man aber nicht unbedingt auf klassische Pflanzgefäße zurückgreifen. Alte Zinkwannen, Einwecktöpfe aus Großmutters Keller, ausgediente Weidenkörbe und alte Suppenschüsseln können ebenso bepflanzt werden. Salzkrüge und Rumtöpfe, die nicht mehr gebraucht werden, geben dem Topfgarten eine individuelle Note. Auf Trödelmärkten findet man häufig alte Emailkannen und -wannen. Mit einem entsprechenden Bohrer bekommt der Boden des Gefäßes ein Loch und ist so im Handumdrehen ein geeignetes Pflanzgefäß.

Den Zusammenhalt bekommt der klassische Topfgarten durch die Möbel, die die Töpfe auf unterschiedliche Höhen bringen und so der Szenerie eine gewisse Dramaturgie geben. Je kleiner die Gefäße, die man bepflanzt, desto wichtiger ist es, dass man sie auf einem Tisch oder einer Blumenbank anordnet, um der Gestaltung ihre Bedeutung zu verleihen. Diese Möbel sollten den ländlichen Charakter widerspiegeln. Besonders gut eignet sich Sperrmüll, der mit einem frischen Farbanstrich und ein paar Nägeln zu solider Schönheit gelangt. Mit alten Weinkisten aus Holz kann man auch ein kleines Regal bauen, das den Pflanzen viel Stellfläche bietet. Wichtig ist, dass die Möbel stabil stehen, so dass ihnen auch eine größere Windböe nichts anhaben kann. An Zäunen kann man kleine Bretter mit Winkeln befestigen, auf die man beispielsweise einzelne Töpfe mit Frühlingsboten stellt.

Am Topftisch herrscht immer Leben. Einige kümmernde Pflanzen wollen umgetopft werden. Neuheiten werden beobachtet und Sämlinge wachsen heran, bis sie gepflanzt werden können.

Geranien (Pelargonium) mit orangeroten Blüten gesellen sich auf der Blumenbank zu den blauen Topfduos.

Mit einem Topfgarten eröffnen sich viele neue und vor allem zusätzliche Möglichkeiten den Garten zu gestalten. Die mobile Note der Töpfe verleiht der Gesamtsituation Lebendigkeit und Variabilität. Und wenn man erstmal über die Anfangsjahre eines Gartens hinweg ist, dann werden die Arrangements des Topfgartens zu einer Möglichkeit, gezielt für Abwechslung zu sorgen. Zugleich hat das Arrangieren aber auch etwas Zufälliges, weil man immer neue Gestaltungsmöglichkeiten entdeckt. In einem Sommer beispielsweise macht sich das Motto der Kugel im Topfgarten breit. Eine Blumenampel mit kleinen, kirschroten Zauberglöckchen hängt an einem großen Ast, der über die Blumentreppe ragt. Neben dem Möbel steht das Hochstämmchen einer Fuchsie (*Fuchsia*-Hybride), dessen Krone die Form einer Kugel hat. Strauchmargeriten (*Argyranthemum frutescens*) als runde Büsche, Buchsbaumkugeln (*Buxus sempervirens*) und einige Zierlauch-Arten (*Allium* in Arten) mit kugeligen Blütenständen stehen in den Töpfen auf der Blumentreppe. Dort, wo die Abstände etwas größer sind, liegen einige Kieselsteine, die im letzten Sommerurlaub durch ihre fast perfekte Form am Strand auffielen.

Im nächsten Jahr können es ganz andere Dinge sein, die die Zusammenstellung bestimmen. Irgendwo hat man beispielsweise den Trend von orangefarbenen Blüten aufgegriffen. Also werden erstmal einige Gefäße mit Dispersionsfarbe und einem orangefarbenen Schwamm verziert. In die Töpfe setzt man verschiedene Studentenblumen (*Tagetes erecta*), Ringelblumen (*Calendula officinalis*) und Kapuzinerkresse (*Tropaeolum majus*). Damit das ganze nicht zu eintönig wirkt, ergänzt man einige blaublühende Kissen von Männertreu (*Lobelia erinus*). Im Handumdrehen ist die Blumentreppe zu einem leuchtenden Blickfang geworden. Und während man in den Frühsommertagen, wenn die Blüten noch nicht so üppig sind, als Farbverstärker einige Orangen dazu legt, fühlen sich im Herbst orangerote Turbankürbisse in guter Gesellschaft.

Für den Topfgarten eignen sich vor allem dauerhafte Schmuckpflanzen. Im Frühsommer sind die Hornveilchen (Viola cornuta) mit ihren malerischen, kleinen Blütengesichtern ein sicherer Tipp. Man kann sie bereits im März ins Freie stellen und die noch zu erwartenden Fröste schaden ihnen nicht. Dann, wenn es dem Sommer entgegen geht und die Eisheiligen Mitte Mai vorbei sind, können Sommerblumen und Kübelpflanzen getrost ins Freie gestellt werden. Wer die Einjährigen selbst aussät, hat meist einige Sämlinge zuviel und pflanzt diese einfach in Töpfe, die man später in Schmuckgefäßen versenken kann. Zum Herbst kann man vor allem Blattschmuckschönheiten wie Gräser und wintergrüne Farne in den Vordergrund rücken. Zudem wird das Repertoire durch die verschiedenen Winterastern (*Dendranthema indicum*-Hybride), die man als Hochstämmchen und Kugeln blühend kaufen kann, bereichert. Die eigene Anzucht dieser Pflanzen zu den frühen Blütenterminen ist nicht ganz einfach, da die Blütenbildung durch eine Tageslänge von weniger als acht Stunden angeregt wird.

Überwinterung von Kübelpflanzen

Hat man sich für Kübelpflanzen aus den Subtropen entschieden, wie zum Beispiel Lorbeer (*Laurus nobilis*) und Oleander (*Nerium oleander*), oder möchte die aus Südafrika stammende Schmucklilie (*Agapanthus africanus*) oder Geranien (*Pelargonium*-Hybride) im Topfgarten blühen sehen, so braucht man ein frostfreies Winterquartier. Dabei gilt für das Verhältnis zwischen Licht und Temperatur die folgende Faustformel: Je dunkler ein Überwinterungsplatz ist, desto kühler sollte die Temperatur sein. Einige Pflanzen, wie Fuchsien (*Fuchsia*-Hybride) und Wandelröschen (*Lantana camara*-Hybride), verlieren zwar die Blätter in einem dunklen Überwinterungsraum, aber viel wichtiger ist es, dass die Pflanzen ihren Stoffwechsel drosseln und in eine Ruhephase kommen.

Damit die Pflanzen sich gut auf die Winterperiode vorbereiten können, sollten sie nur bis Anfang August gedüngt werden. Vor dem Einräumen achtet man darauf, dass die Erde abtrocknet. Wenn man ein geschütztes, sonniges Eckchen findet, ist dieses ideal. Der Zeitpunkt des Einräumens sollte möglichst lange herausgezögert werden. Für die genannten Arten ist der Termin gekommen, wenn die Temperaturen dauerhaft unter null Grad Celsius sinken.

Der Topfgarten lebt wie die verschiedenen anderen Bereiche des Country-Gartens nicht ausschließlich nur von den Pflanzen, sondern natürlich auch vom dekorativen Beiwerk. Das können Gefäße oder auch kleine Kunstobjekte sein. Im ländlichen Garten kann man aber auch ein paar Sachen vom Trödler wie alte Gartengeräte, Gießkannen oder eine alte rostige Kuchenform besorgen. Man sollte darauf achten, dass Farbe und Formen harmonieren. Im Laufe des Sommers findet man aber auch im Garten die eine oder andere Trophäe, die der Aufmerksamkeit bedarf. Eine von den Wespen verlassene Wabe, eine bemooste alte Baumwurzel, eine gallenartige Verdickung des Rosenholzes können zwischen den Töpfen ausgelegt werden.

Wenn dann die ersten Samenstände reifen, werden sie zu begehrten Schmuckstücken. Die morgensternartigen Fruchtstände von Schubert's Zierlauch (*Allium schubertii*), die Schoten des Blauschotenstrauchs (*Decaisnea fargesii*) und die ersten reifen Äpfel geben dem Topfgarten eine individuelle Note. Die Gestaltung sollte immer wieder aufgefrischt, unschön gewordene Sammelstücke durch neue ersetzt werden.

Traubenhyazinthen (Muscari) schmücken als Dessin und Pflanzen die Töpfe.

Ganz gleich wie groß die zur Verfügung stehende Fläche in einem Garten ist, man macht immer wieder die Erfahrung, dass die eine oder andere Pflanze unverhofft nach dem Winter nicht mehr erscheint oder sich ein Pflanzzwischenraum nicht so schnell schließt, wie man gedacht hat. Machmal entsteht eine Lücke aber auch im Laufe der Saison ganz planmäßig. So zieht beispielsweise der Türkenmohn (*Papaver orientale*) nach der Blüte ein. Die Stelle im Beet wirkt kahl. In all diesen Fällen ist es ein Segen, wenn man auf den Topfgarten zurückgreifen kann. Im Frühjahr, wenn das Beet zwischen den treibenden Stauden noch kahl ist, kann man bereits einige Töpfe mit frühblühenden Tulpen in den Zwischenräumen aufstellen. So belebt sich das Beet rasch und noch bevor die Stauden den Platz tatsächlich in Anspruch nehmen, kann man die abgeblühten Gefäße wieder entfernen. Auch am Sitzplatz und neben der Terrassentür sind solche Töpfe willkommene Highlights für den Frühling.

Für die späteren Blühtermine kann man einige geteilte Stauden topfen. Neutral in der Wirkung sind Funkien (*Hosta*-Hybride). Die herzförmigen Blätter geben den Beeten einen angenehmen Ruhepol und füllen die Lücken ohne sich in den Vordergrund zu spielen. Ganz ähnlich können kleine Kugeln oder Kegel aus Buchsbaum (*Buxus sempervirens*) eingesetzt werden. Da die fertig vorgezogenen Formen in der Regel den Geldbeutel strapazieren, kann man einfach ein paar Exemplare, die als Einfassungspflanzen günstig angeboten werden, zusammenpflanzen und im Laufe der Jahre durch regelmäßigen Rückschnitt formieren. Wer einen größeren Wert auf Farbigkeit legt, der setzt Polsterglockenblumen (*Campanula portenschlagiana*) in Töpfe. Zunächst kann man die Gefäße als gleichmäßige Begrenzung des Sitzplatzes verwenden, wenn sich dann eine Lücke in der Bepflanzung auftut, wandert das eine oder andere Gefäß dorthin. Die Abstände zwischen den Töpfen am Sitzplatz werden vergrößert oder man schafft mit den verbleibenden Gefäßen ein neues Arrangement.

Stauden in Töpfen pflegen

Einen Staudenhorst, den man mit der Grabegabel oder dem Spaten in Stücke geteilt hat, kann man in große Plastiktöpfe (Größe ca. 5 Liter) pflanzen. Auf den Boden des Gefäßes legt man eine etwa fünf Zentimeter hohe Schicht aus Blähton, um Staunässe zu vermeiden. Nun füllt man eine Mischung aus Gartenerde, Blumenerde und reifem Kompost (Mischungsverhältnis 2:1:1) ein. Ist der anstehende Boden sehr lehmig, kann etwas Sand beigemischt werden. Über den Winter werden die Töpfe mit Laub und Reisig abgedeckt und an einen geschützten Platz gestellt. Im Frühjahr nach dem Austrieb brauchen die Pflanzen Dünger. Alle zwei bis drei Jahre topft man die Horste um und teilt sie bei Bedarf.

Ein Reigen fröhlicher Blütengesichter des violetten Hornveilchens (Viola cornuta) muntert die versteinerte Mimik der Büste vom zeitigen Frühling bis in den Sommer hinein auf.

Im lichten Schatten der Bäume haben sich bunte Blütenteppiche aus Narzissen (Narcissus), Traubenhyazinthen (Muscari) und Schachbrettblumen (Fritillaria meleagris) ausgebreitet.

Das Jahr im ländlichen Garten

Frühling

Jeder Frühlingsanfang ist ein wohltuender Nervenkitzel, weil schon seit dem Spätsommer die ersten Vorbereitungen für die Saison auf Hochtouren gelaufen sind. Nun stellt sich die Frage, wie wird das Jahr? Welche Kapriolen hat das Wetter auf Lager? Hat man alles richtig gemacht beim Pflanzen? Waren die Knollen und Wurzelstöcke ihren Preis wert? Die nächsten Monate werden jede Menge Antworten auf die Fragen geben. Zugleich wird man noch an vielen Stellen eingreifen, die Pflanzen zur freien Entfaltung anregen und manche wundervolle Kombination, manches gekonnte Formenspiel entsteht ganz von alleine.

Das Winterende hat schon zahlreiche Vorboten geschickt. Wenn der Winter tatsächlich vorbei ist, macht sich ein frischer Duft breit. Erdige Töne vermischen sich mit feiner Würze. Nun dauert es nicht mehr lange, bis die Frühlingskräuter sprießen. Kresse (*Lepidium sativum*) und Schnittlauch (*Allium schoenoprasum*) wachsen jetzt rasch. Auch die Pimpinelle (*Sanguisorba minor*) steht mit frischen Fiederblättchen bereit, den Winter zu vertreiben. Aber es mischen sich noch viele andere Düfte in die Luft. Die Hyazinthen (*Hyacinthus orientalis*) lassen schwere Duftwolken aus den Beeten aufsteigen und auch die gelbblühenden Mahoniensträucher (*Mahonia aquifolium*) duften köstlich durch den Garten.

Dichte, satte Farbkleckse leuchten schon von Ferne, denn die Krokusse (*Crocus chrysanthus*) sitzen mit ihren großen, becherförmigen Kelchen in Nestern dicht zusammen. Da dürfen jetzt nur nicht die Amseln kommen und alles zerpicken. Am besten stülpt man alte Weckgläser über die Horste oder holt aus dem Gartenhäuschen eine Glasglocke, die die Pflanzen vor den gefiederten Gartengästen schützt. Zugleich breiten sich unter den alten Bäumen zarte, fliederfarbene Schleier aus. Geht man näher heran, entdeckt man, dass sich hunderte von Elfenkrokussen (*Crocus tommasinianus*) hier tummeln. Die Stimmung ist sehr romantisch, weil diese Krokusart ganz grazile, schlanke Kelche zeigt.

Je wärmer es wird, desto schneller verblühen die Schneeglöckchen (*Galanthus nivalis*). Stehen die Zwiebeln nach drei bis vier Jahren ganz dicht nebeneinander, dann sollte man die Büschel unbedingt ausgraben und teilen, solange man sie an den Blättern gut erkennt. Mit der Grabegabel nimmt man die kleinen Horste auf und reißt sie mit den Händen vorsichtig auseinander. Gleich anschließend werden die Zwiebeln wieder gepflanzt. Das hat zum einen den Vorteil, dass man das Winterende noch blumiger genießen kann. Zum anderen bedrängen sich die Zwiebeln gegenseitig, wenn sie zu dicht stehen, so dass weniger Blüten gebildet werden können.

Auch die Tulpen (*Tulipa*-Hybride) und Narzissen (*Narcissus*-Hybride) machen mit ihren Nasen schon auf sich aufmerksam. Ist die Witterung anhaltend trocken, so sollte man vor allem die Osterglocken gut gießen. Sie lieben es in dieser Entwicklungsphase feucht und bilden bei Trockenheit sogenannte Papierblüten, die zwar als Knospe am Stiel hochgeschoben werden, aber nicht erblühen. Zugleich kann man jetzt schon einmal die Buchskugeln und Lavendeleinfassungen, die im Herbst nicht mehr in Form gebracht worden sind, zurückschneiden. So bekommt der Garten im Handumdrehen eine gepflegte Note und der Austrieb der kleinen Büsche wird angeregt. Man sollte nicht vergessen, die Einfassungen mit etwas Dünger zu verwöhnen, damit sie gesund und kräftig in die Saison starten.

Die erste Frühlingshälfte wartet mit besonderen Schönheiten auf. Unter den Gehölzen sind die Magnolien (*Magnolia* in Arten) von besonderer Bedeutung. Man sollte unbedingt darauf achten, dass die Pflanzen im Schutz eines Gebäudes oder einer Baumgruppe stehen. Denn späte Fröste können die Blüte über Nacht vernichten. Das ist nur allzu schade, zumal die großen Blütenblätter der tulpenförmigen Kelche anschließend braun und schlaff herunter hängen und noch lange an den Verlust erinnern. Die Obstgehölze machen von sich reden. Äpfel, Birne, Quitte, Kirsche und Pflaume schmücken das Astgerüst großzügig mit den weißen, manchmal auch leicht rosa überhauchten Blüten. Es ist ein besonderes Schauspiel mit einem hohen Zierwert.

Das Tränende Herz (Dicentra spectabilis) öffnet seine Blüten in den warmen Strahlen der Frühlingssonne.

Aber die wahren Favoriten findet man unter den zwei- und mehrjährigen Gartenblumen. Die dichtgefüllten Blütenbälle der Maßliebchen (*Bellis perennis*) wirken schlicht und dennoch verkörpern sie die Kraft des Frühlings. Kleine Beetränder und Töpfe bepflanzt man mit den Schönheiten. Man findet sie jetzt überall im Angebot der Gärtnereien. Sie werden von Vergissmeinnicht (*Myosotis sylvatica*) ergänzt, die mit den wasserblauen oder zart rosafarbenen Blüten Romantik in den Cottage-Garten bringen. Wenn man diese Zweijährigen nach der Blüte nicht sofort zurückschneidet, sondern sie ausblühen und fruchten lässt, wird man sie so schnell im Frühlingsgarten nicht mehr missen wollen. Sie vagabundieren umher. Im Laufe des Sommers tauchen die Rosetten der länglichen Blätter in den Beeten auf. Dort, wo sie vermutlich stören, werden sie entfernt und an einen Platz gepflanzt, wo die wasserblauen Tupfer eine Bereicherung sind.

Wesentlich kraftvoller kommt der Goldlack (*Cheiranthus cheiri*) mit seinen braunroten und gelben Blüten daher. Es schwingt in diesen Blütenrispen viel Nostalgie mit, denn die warmen Rottöne spielten in den viktorianischen Gärten eine große Rolle und die gefüllten Sorten haben eine Gartentradition seit dem 16. Jahrhundert. Der Goldlack duftet und erfüllt die Frühlingsluft mit kräftigem Parfüm. Von den Zweijährigen werden sandige, durchlässige Böden bevorzugt. Hier entwickeln sie sich gesund. Wenn man die welken Blüten frühzeitig zurückschneidet, kann man manche Pflanze sogar im dritten Jahr begrüßen. Vorsorglich sollte man im Sommer dafür sorgen, dass aus Samen neue Pflanzen heranwachsen.

Im Reigen der Zweijährigen spielen auch Stiefmütterchen (*Viola × wittrockiana* Hybride) und Hornveilchen (*Viola cornuta*) eine bedeutende Rolle. Stiefmütterchen können herrlich altmodisch aussehen, vor allem wenn man die großblumigen Hybriden mit gerüschten Rändern verwendet. Brombeertöne kombiniert mit Altrosa unterstreichen die nostalgische Wirkung ebenso wie rostbraune Farben. Die Hornveilchen zeigen sich in klaren Farben. Sie sind vor allem deshalb unverzichtbar für den ländlichen Garten, weil sie bis in den Sommer hinein blühen. Die kleinen

Blüten, die wie menschliche Gesichter gezeichnet sind, sitzen so dicht an den Trieben, dass sich malerische Farbtupfer entwickeln.

Robustheit und Zierlichkeit verbinden die Bergenien (*Bergenia*-Hybride). Die großen Blätter schmücken die Stauden das ganze Jahr hindurch. Im Herbst nehmen sie eine rötliche Färbung an, im Frühling treiben sie neu mit grünen Blättern durch. Zuvor aber strecken sich die Blütenstände in die Höhe. Sie sind gut 20 Zentimeter hoch und an den Seitentrieben hängen glockenförmige Blüten, so dass die Pflanze aussieht wie ein kleiner Schellenbaum. Blätter, die unschön wirken, werden vor der Blüte ausgezupft. Das Besondere an den Bergenien ist die vielfältige Verwendungsmöglichkeit. Man kann die Stauden sowohl an sonnige Plätze als auch in schattigere Beete pflanzen.

Zarte Romantik verbreiten die Tränenden Herzen (*Dicentra spectabilis*). Die Stauden machen einen sehr zerbrechlichen Eindruck, doch wenn sie auf einem nahrhaften Boden stehen, zeigen sie sich üppig. Der Name der Schönheiten beruht auf der kuriosen Form der Blüte. Es sieht aus, als tropfe eine weiße Träne aus einem roten Herz. Es gibt auch eine weißblühende Form, die Frische in den Garten bringt. Nur muss man bei der Wahl des Standortes berücksichtigen, dass Tränende Herzen nach der Blüte einziehen. Ein Platz in der hinteren Reihe ist vorzuziehen, damit die Lücke von anderen Stauden rasch überwachsen wird.

Euphorbien im Frühlingsgarten

Ein hübsches Element im Staudenbeet bilden die verschiedenen Arten der Wolfsmilch. Die Goldwolfsmilch (*Euphorbia polychroma*) verströmt ihre dottergelbe Frische an den Beeträndern. Die kleinen Büsche tragen eine halbkugelige Form. *Euphorbia characias* bildet wintergrüne Büsche. Die Blätter dieser aus dem Mittelmeerraum stammenden Art sind sehr regelmäßig an den bleistiftstarken Stängeln angeordnet. Im Frühling beginnt die Spitze frühzeitig mit dem Wachstum. Sie neigt sich wie der Griff eines Spazierstocks, um nach wenigen Wochen die Beete mit frischgrünen Blüten zu schmücken. Gut einen Meter hoch wird *Euphorbia characias ssp. wulfenii*, die breite Blätter hat. Beide Arten sollten nach der Blüte kräftig zurückgeschnitten werden, so dass sich aus der Basis neue, kräftige Triebe entwickeln. Die mandelblättrige Wolfsmilch (*Euphorbia amygdaloides*) hat auch eine rotlaubige Form, die im Austrieb besonders kraftvoll leuchtet.

Die Blütenglöckchen von Fritillaria acmopetala sind immer wieder eine Entdeckung. Sie tarnen sich mit den grünen Kelchblättern, die braunrot und gelb gezeichnet sind.

Diese Frühlingswiese breitet sich naturnah aus. Die blauen Traubenhyazinthen (Muscari armeniacum) und Schachbrettblumen (Fritillaria meleagris und Fritillaria meleagris 'Alba') bestimmen das Bild. Die Kombination gelingt auf einem mageren, aber im Frühjahr feuchten Boden.

Die zarten Anfänge entwickeln sich schon bald zu einem farbenfrohen Fest. Man sollte jetzt nicht den Zeitpunkt verpassen, den Winterschutz zu entfernen. Tannenreisig, das man auf den Blumenbeeten verteilt hatte, wird eingesammelt und gehäckselt. Die angehäufelte Erde rund um die Rosen wird glatt gezogen und zugleich führt man jetzt bei den Rosen den Feinschnitt durch. Die zusammengebundenen Gräser werden dicht über dem Boden zurückgeschnitten, ebenso wie die trockenen Triebe von Stauden. So kann sich der Neuaustrieb ungestört entwickeln. Auch Vlies, das als Winterschutz um einige empfindliche Pflanzen gebunden wurde, nimmt man wieder ab.

So können sich die verschiedenen Frühlingsstimmungen voll entfalten. Sie werden vor allem durch Blütenfarben bestimmt. Eine ganz beliebte Szenerie der Frühlingswochen trägt blaue Blüten. Dadurch bekommt der ländliche Garten eine sehr romantische Stimmung. Als Zwiebelblumen treiben Traubenhyazinthen (*Muscari armeniacum*) und Blausternchen (*Scilla bifolia*). Die ersten stehen meist in dichten Tuffs beieinander, während die Glöckchen der Blausternchen einzeln durch die Beete tanzen. Ergänzt wird das Treiben nun durch Vergissmeinnicht-Blüten. Diese stammen aber nicht nur von *'Myosotis sylvestris'*, sondern auch von den Gedenkemein (*Omphalodesverna*, *O. cappadocica*) und dem etwa 30 Zentimeter hohen Kaukasus-Vergissmeinnicht (*Brunnera macrophylla*), das mit herzförmigen Blättern und reich verzweigten Blütenständen aufwartet. Auch die Hasenglöckchen (*Hyacinthoides non-scripta*) fügen sich in eine solche Situation ein. Sie wachsen am besten an einem im Frühling sonnigen Platz, der zum Sommer um die Mittagszeit schattig ist.

Gelbe Frühlingspflanzungen bringen angenehme Wärme ins Spiel. Als höheres Element in einem Sonnenbeet sollte man auf den Gemswurz (*Doronicum orientale*) setzen. Die margeritenartigen, großen Blüten stehen auf hohen, kräftigen Stielen über dem Blattwerk. Natürlich dürfen jetzt auch nicht die gelben Kelche von Tulpen (*Tulipa*-Hybride) und die verschiedenen Formen von Narzissen (*Narcissus*-Hybride) fehlen. Wer einen sandigen, durchlässigen Boden hat, kann auch noch die gelbe Form der Kaiserkrone (*Fritillaria imperialis*) einsetzen. Sind diese höheren Pflanzen positioniert, wird man die Zwischenräume füllen. Hier bieten sich neben den kleinen Kissen von Primeln (*Primula vulgaris*) die kleinen Büsche der Goldwolfsmilch (*Euphorbia polychroma*) sowie die Büsche des Steinkrauts (*Alyssum saxatile*) an. Frischtreibende Horste des gelblaubigen Majorans (*Origanum vulgare* 'Aureum') füllen Lücken, ebenso wie der frisch treibende Frauenmantel (*Alchemilla mollis*).

Etwas mehr Extravaganz kommt ins Spiel, wenn man das Frühjahr mit dunklen Rottönen, zartem Rosa und Mauve inszeniert. Zeitlich könnte der Ausgangspunkt für eine solche Beetgestaltung die Blüte des Elfenkrokus (*Crocus tommasinianus*) sein. Das altmodische Burgunderrot breitet sich zunächst mit Hilfe von Blattschmuck aus. Rotlaubiger Günsel (*Ajuga reptans* 'Atropurpurea'), Purpurglöckchen (*Heuchera micrantha*) und die frischen Triebe der Aufrechten Waldrebe (*Clematis recta*) schaffen eine Grundstimmung. Dazwischen zeigen sich einige Tulpen mit schwarzroten Blüten wie die Sorten 'Black Parrot' und 'Queen of Night'. Die helleren Töne müssen nun noch ergänzt werden. An den Rändern breiten sich Kissen- und Polsterphlox (*Phlox douglasii, P. subulata*) aus. Kleine Kugelprimeln (*Primula denticulata*) füllen die Lücken. Mit rosafarbenen Tulpensorten wird die Zeit für die Tulpenblüte verlängert. Damit diese Klassiker des Cottage-Gartens gut zur Geltung kommen, sollte man die Zwiebeln ganz locker über das Beet verteilen. Wie Schmetterlinge sollten die Blüten über dem Beet schweben.

Frühlingsblühende Gehölze schneiden

Alle schnellwachsenden Frühlingsblüher sollten direkt nach der Blüte in Form gebracht werden. Weiden (*Salix* in Sorten und Arten), Kornelkirschen (*Cornus mas*), Forsythien (*Forsythia × intermedia*) und Mandelbäumchen (*Prunus triloba*) bilden ihre Blütenknospen an den einjährigen Trieben. Schneidet man alte Triebe an der Basis heraus, wird der Neuaustrieb angeregt und die Sträucher bleiben vital. Dies gilt auch für die schönen Sträucher des Sibirischen Hartriegels (*Cornus sibricia* 'Alba'), dessen junge Zweige eine leuchtend rote Rinde tragen. Ebenso wird der Flieder (*Syringa*-Hybride) gleich nach der Blüte gestutzt.

Starker Kontrast: Die kleinkronige Narzissenblüte von Narcissus 'Barret Browning'.

Tulipa 'Apricot Beauty' zählt zu den frühblühenden Sorten.

Zarte Blüten in üppiger Fülle kennzeichnen den Wonnemonat Mai. Typisch für den Cottage-Garten sind jetzt die ungestümen Blütenwolken der Bergwaldrebe (*Clematis montana*). Sie klettert an Fassaden und Mauern empor, legt sich über Gartenhäuser mit ihren Trieben und schmückt sich mit Blütensternen in zartem Rosa. Es gibt verschiedene Sorten, die sich vor allem in der Größe der Blüten und der Intensität der Farbe unterscheiden. Die Pracht macht ihr so schnell keine Waldrebe nach, obwohl jetzt auch die lilablauen Glöckchen der Alpen-Waldrebe (*Clematis alpina*) faszinieren. Diese Sorte wächst nur zwei, drei Meter hoch und ist so ein idealer Blickfang im Blumenbeet. An einem Obelisken aus Weidenruten breiten sich die Triebe mit drei bis vier Zentimeter langen Blüten ebenso dekorativ aus, wie an einem Spalier an der Hauswand. Kurz nachdem die Blütenblätter abgefallen sind, schmückt sich diese Art mit den malerischen Schöpfen der lang behaarten Fruchtstände. Zunächst zeigen sie noch ein fahles Grün, doch schon zum Sommeranfang werden sie silbrig grau schimmern.

Jetzt beginnt der Flieder (*Syringa*-Hybride) zu blühen und man sollte nicht verpassen, hin und wieder einen Arm voll Triebe für die Vase zu schneiden. So kann man den feinen Duft in vollen Zügen genießen und spart sich den anschließenden Rückschnitt, um die Bildung von frischen Zweigen zu fördern. Damit Flieder in der Vase lange hält, muss man aber wissen, dass das Blattwerk viel Wasser verdunstet. Man sollte deshalb die Zweige bis dicht unter die Blütenstände entblättern. Wenn die Stiele auf die richtige Länge eingekürzt sind, nimmt man einen größeren Stein und klopft behutsam die Enden auf. So wird die Wasseraufnahme deutlich verbessert.

Cottage-Gärtner und -Gärtnerinnen verfallen leicht der Sammelleidenschaft. Wer noch auf der Suche nach einem interessanten Arbeitsfeld ist, der sollte die Schau-Aurikeln (*Primula auricula, Primula* × *pubescens*) einmal genauer unter die Lupe nehmen. Diese kleinen Primeln gibt es in einer breiten Sortenvielfalt. Gewiss werden sie nicht im Gartencenter angeboten, dafür sind die Blumen etwas zu heikel, aber auf der anderen Seite besteht im Suchen und Aufstöbern ja auch ein großer Teil der Arbeit eines passionierten Sammlers. Was aber macht diese Blumen so besonders? Das Blattwerk ist glatt und erinnert mit seinem Graugrün ein wenig an Eselsohren. Die Blüten dagegen wirken wie aus Porzellan. Manche sind ganz symmetrisch aufgebaut hinsichtlich des Umrisses, andere tragen verschiedene Farben in klar voneinander abgegrenzten Kreisen. Die Töne strahlen einen altmodischen Charme aus, denn neben Weiß und Gelb sind dunkle Rottöne und klares Grün nicht selten. Besonders faszinierend ist jedoch, dass manche Sorten einen klar abgegrenzten Bereich mit einem mehligen Belag auf den Blütenblättern tragen. Man muss genau hinsehen, um diese feinen Details zu erkennen, aber im Vergleich zu den gewöhnlichen Primeln (*Primula vulgaris*) setzt man Aurikeln nicht ins Beet. Die Sammelleidenschaft wird auf einer Blumenbank aufgebaut. Am besten ist ein regengeschützter Platz zur Blüte, damit die Schönheit sich ungestört entfalten kann. Mit altmodischen Porzellanetiketten gekennzeichnet werden die wundervollen Blumen zu einem interessanten Beschäftigungsfeld, und es wird nicht lange dauern, bis man nicht nur Aurikeln vermehrt, sondern auch erste Versuche unternimmt selbst eine neue Sorte zu züchten.

In den Beeten macht sich im Mai eine besondere Schönheit breit: die Akelei (*Aquilegia vulgaris*). Diese Staude zählt zu den eher kurzlebigen Arten, aber wenn man zulässt, dass die Samenkapseln an den Stielen ausreifen, wird man an den verschiedensten Stellen immer wieder ein paar neue Vagabunden entdecken können. Die klassische Farbe der Akelei ist das dunkle Violett, aber zarte Rosatöne und weiße Blüten kommen dank intensiver Züchtungsarbeit ebenso vor wie rotgelbe Hybriden oder dicht gefüllte, dunkelrote Blüten wie bei der Sorte 'Biedermeier'. Will man den Farben und Blütentypen gezielt über Jahre hinweg treu bleiben, so wird man sich auf die Selbstaussaat nicht verlassen können, sondern muss immer wieder für einen farbbeziehungsweise sortenreinen Nachwuchs sorgen. Die einen halben Meter hohen, straff verzweigten Blütenstände wachsen nicht in dichten Gruppen, sondern werden locker in mehr oder weniger großen Abständen gesetzt.

Die Geschichte der Cottage-Tulpen

Als die Tulpen aus Persien nach Europa kamen, waren sie eine exotische Neuheit, die viel Aufsehen erregte. Besonders schätzte man an dieser Blüte, dass sie so wohlgeformte Blüten hatte. Ordentlich und schlank stehen die Blütenblätter am Stielende zusammen und verdecken das Innere – ihre Geschlechtsorgane. Das gefiel. Doch bei der Züchtung entstanden natürlich auch Sorten, die diesem Ideal nicht entsprachen. Sie waren pummelig dick geformt und öffneten sich viel zu sehr. Zum Entsetzen der prüden Gesellschaft sah man Narbe und Pollensäcke. Die Zwiebeln dieser Tulpen waren nicht würdig, in einem herrschaftlichen Garten zu blühen, und wurden aussortiert. Aber sie wurden nicht vollständig vernichtet. Besitzer von Cottage-Gärten retteten sie vor der vollständigen Vernichtung. So vermehrte sich dieser Blütentyp und kam als Markenzeichen des ländlichen Gartens viel später zu Ehren. Heute fasst man diese Tulpensorten in der Gruppe der Cottage-Tulpen zusammen.

Die kleinen Kugelprimeln (Primula denticulata 'Alba')sind ein hübscher Blickfang im Frühlingsgarten. Das Weiß leuchtet kräftig im Kontrast zur braunen Erde.

Das frisch treibende Grün der Frühlingswochen ist eine besondere Augenweide. Man sollte allerdings zunächst nicht vor lauter Verzücken ein paar Arbeiten vergessen. Die Staudenstützen sollten jetzt unbedingt aufgestellt werden, damit die Triebe frühzeitig in die einfachen Halterungen hineinwachsen und Halt bekommen. Auch für die Teilung wird es jetzt Zeit, damit die Teilstücke gleich wieder in die Erde kommen und an ihrem neuen Standort rasch einwurzeln. Noch trocknet der Boden nicht so schnell aus und der Frühlingsregen befeuchtet das Erdreich tiefgründig.

Die jungen Blätter verbreiten im Garten eine angenehme Frische. Wind und Wetter, gefräßige Raupen und lästige Pilzkrankheiten haben noch keine Spuren hinterlassen. Eine besondere Attraktion bringen die Funkien (*Hosta*-Hybriden) in den Garten. Die Nasen, die zunächst wie Donnerkeile aussehen, erscheinen relativ spät, anschließend entfalten sich die herzförmigen Blätter. Die blaugrünen Sorten haben eine matte Wachsschicht, die Wassertropfen malerisch abperlen lässt. Die grünen Sorten dagegen strahlen glänzend.

Die jungen fächerförmigen Blätter des Frauenmantels (*Alchemilla mollis*) wirken noch zart behaart und es ist ein malerisches Bild, wenn sich an einem Morgen im Mai das erste Mal an den Blatträndern die Guttationstropfen gebildet haben. Was aussieht wie schillernde Perlen auf einer Schnur, sind keine Tautropfen, sondern überschüssiges Wasser, das aus den Blattspitzen tropft.

Besonders gepflegt wirken die Bodendecker nach dem frischen Austrieb. Der Günsel (*Ajuga reptans*) hat glänzende Blätter. Die Schaumblüte (*Tiarella* in Arten) schmückt sich mit frischem Blattwerk, das von den fedrigen, weißen Blütenständen verziert wird. Die Quirle des Waldmeister (*Galium odoratum*) stehen über dem schattigen Boden und wenn die ersten Blüten geöffnet sind, macht sich auch ein feiner Duft breit. Storchschnäbel (*Geranium* in Arten) breiten ihre Laubteppiche aus und überziehen den Garten mit ihren handförmigen Blättern. Wenn im Frühsommer diese Teppiche unschön aussehen, weil die welkenden Blütenstände dem Gesamtbild eine ungepflegte Note geben, kann man sie einfach mit einem Fadenschneider abmähen. Innerhalb von kurzer Zeit sind Storchschnabel und Frauenmantel frisch durchgetrieben.

Natürlich darf man über die ersten Pflegearbeiten im Garten die Anzucht nicht vergessen. Ihr gehört in diesen Wochen große Aufmerksamkeit. Die Sämlinge müssen regelmäßig kontrolliert und, wenn sie groß genug sind, auch pikiert werden. Später werden sie getopft, und spätestens Anfang April beginnt man Sommerblumen, einjährige Kräuter und Gemüsesetzlinge abzuhärten. Dazu wird beim Frühbeet das Fenster geöffnet und nur geschlossen, wenn tatsächlich Nachtfröste zu befürchten ist. Gleichzeitig gehört es zu den anfallenden Arbeiten, das Winterquartier mit Kübelpflanzen und nicht winterharten Zwiebelblumen aufzulösen. Die Exoten werden kräftig zurückgeschnitten und in frische Erde getopft. Dahlien (*Dahlia*-Hybride) und Gladiolen (*Gladiolus*-Hybride) müssen ins Beet gepflanzt werden. So richtet sich allmählich alles auf den nahenden Sommer ein. Die Gartenkulisse schließt sich, die Laubbäume bilden ein Blätterdach, das zuverlässig Schatten spendet, und an den Obstgehölzen lassen die winzigen Fruchtansätze erste Rückschlüsse auf die zu erwartende Ernte zu. Düngt man mit organischen Nährstoffen, so wird es jetzt Zeit sie bei den Pflanzen zu verteilen, die in den nächsten Wochen in Blüte stehen werden.

Gestalten mit Blattschmuck

Beim Planen von Beeten und Rabatten sollte man das Augenmerk nicht nur auf die Blüten richten, sondern auch die Färbung und Zeichnung des Laubes mit einbeziehen. Während der Flor gerade bei den mehrjährigen Blumen des ländlichen Gartens immer nur einige Wochen hält, schmückt das Blattwerk die Beete vom Frühling bis in den Herbst. Silbriges Laub kann man sehr schön mit blauen oder mit rosafarbenen Blütenpflanzen kombinieren. Gelbe Zeichnungen hellen den Halbschatten auf und unterstützen die Leuchtkraft von gelben Blumen. Immer stärker werden rotlaubige Pflanzen wie Purpurglöckchen (*Heuchera*-Hybriden) und rote Berberitzen (*Berberis thunbergii* 'Atropurpurea') angeboten. Sie feuern orangefarbene und rote Blüten an, geben aber auch zarten Rosatönen einen malerischen Rahmen. Das Verhältnis zwischen Blattschmuck und Blütenpflanzen sollte etwa bei 1 : 3 liegen.

Die weißbunten Blätter der Sterndolde (Astrantia major 'Sunningdale Variegated').

Das frische Laub von Lupinen (Lupinus polyphyllus).

Der Austrieb des Germer (Veratrum album) erinnert an Plissee.

Nadelartige Blätter zwischen den Wolfsmilchblüten (Euphorbia seguieriana ssp. niciciana).

Die gelbe Kaiserkrone (Fritillaria imperialis) bringt goldgelbe Farbe in die Frühlingsbeete. Die hohen Blütenstiele wirken majestätisch. Die Schönheit kommt am besten zur Geltung, wenn man die Zwiebeln in Gruppen nebeneinander setzt.

Die Strahlenanemone (Anemone blanda) bildet ausgedehnte Teppiche aus ihren Blüten. Hier ergänzen sich die lilablaue Sorte 'Blue Shades' und die reinweiße 'White Splendour'. So wirkt die Fläche noch lebendiger und durch die ungleichmäßige Verteilung auch natürlicher.

Sommer

Leicht und beschwingt verwandeln sich die letzten Frühlingstage. Die Luft hat noch viel Frische, da die Nächte noch kalt sind. Jeden Morgen sitzen auf den Blättern noch dicke Tautropfen. Aber die Pracht ist bereits dicht und üppig geworden. Die Rabatten haben stattliche Höhen erreicht und es geht auch schon sehr farbenfroh im Garten zu. Die Fingerhüte (*Digitalis purpurea*) tanzen an den halbschattigen Gartenwegen entlang und die Pfirsichblättrigen Glockenblumen (*Campanula persicifolia*) erwidern ihre Aufforderung mit ihren zarten Glocken in Weiß und Lilablau. Große Ähnlichkeit mit Glockenblumen hat auch die Jakobsleiter (*Polemonium caeruleum*), die ihre Blütenstände kerzengerade aus den gefiederten Blattbüscheln nach oben streckt. Die Blütenglocken sind weit geöffnet und sitzen zahlreich an den Stängeln. Die Jakobsleiter bleibt aber mit einer maximalen Höhe von 50 Zentimetern eher niedrig. Die zarten lilablauen Farben haben nun Hochkonjunktur. Die blauen Schalen des Storchschnabels (*Geranium*-Hybride 'Johnson's Blue') breiten ganz locker die Fröhlichkeit des Sommers im Garten aus. Die Rispen des Sommersalbeis (*Salvia nemorosa*) bauen sich in den verschiedenen blauvioletten Schattierungen der Sorten auf. Sehr natürlich mischen sich die ersten Wieseniris (*Iris sibirica*) ins Geschehen ein. Die grünen, aufrechten Schöpfe ihrer Blätter stehen zunächst ganz unscheinbar im Beet und nur der Kenner entdeckt die ersten Anzeichen von Blüten, die sich mit einem Mal unvermittelt öffnen. Und alle Sorgen, dass diese naturnahen Schönheiten in diesem Jahr vielleicht blütenlos bleiben könnten, waren umsonst.

Doch dieser frühe Sommer hat auch eine rosarote Komponente. Der Türkenmohn (*Papaver orientalis*) sorgt mit seinen großen Blütenschalen für Aufsehen. Wer es temperamentvoll und feurig mag, der wählt den 'Türkenlouis', eine knallrote Sorte mit stark gefransten Blütenblättern. Wer eine etwas elegantere Note bevorzugt, wählt eher die Sorte 'Beauty of Livermere'. Diese wird aus Samen vermehrt und hält ihre Blüten in einem eleganten Kirschrot. Wer die Romantik stärker bevorzugt, wird zu den malerischen Sorten 'Kleine Tänzerin', 'Juliane' und 'Karine' greifen. Sie tragen zartrosafarbene Blüten, die von der Größe etwas zurückhaltender sind. Grundsätzlich braucht der Türkenmohn Begleiter, die sich zum Hochsommer stärker ausbreiten. Denn dieser Mohn verschwindet nach der Blüte rasch aus dem Beet. Schleierkraut (*Gypsophila paniculata*) beispielsweise kann mit seinen üppigen Blütenwolken geschickt eine solche Lücke überspielen und zugleich bleibt genügend Platz, wenn in manchem Spätsommer die Blattrosetten frühzeitig wieder austreiben.

Wer von der Schönheit des Türkenmohns begeistert ist, kann auf Pfingstrosen (*Paeonia* in Arten und Sorten) nicht verzichten. Die Stauden mit den tiefen, knollig verdickten Wurzelstöcken tragen ähnlich üppige Blütenschalen. Die Auswahl ist breit gefächert, denn neben den klassischen Bauern-Pfingstrosen (*Paeonia officinalis*) gibt es zahlreiche Hybriden, die auf *Paeonia lactiflora* zurückgehen. Gefüllte Pfingstrosen üben natürlich einen besonderen Reiz aus. Aber man sollte bei diesen Sorten zurückhaltend sein, wenn man in einer regenreichen Gegend lebt. Zwischen den dichten Blütenblättern sammelt sich das Wasser und fließt nicht ab. Die Köpfe werden schwer und knicken die Stiele um. Dann hängen die Blüten nach unten, verschmutzen durch spritzende Erde und sehen nicht mehr schön aus. Wenn man wirklich etwas Ausgefallenes sucht, sollte man sich mit den Strauchpfingstrosen (*Paeonia suffruticosa*) beschäftigen. Diese verholzenden Pfingstrosen blühen zwei Wochen vor den ersten staudigen Arten beziehungsweise Sorten. Sie bilden straff aufrechte Triebe, an deren Enden riesige Blüten sitzen, die nicht nur in Weiß, Rosa und Rot vorkommen, sondern auch in zarten Gelbtönen. In den ersten Jahren braucht die Pflanze viel Ruhe und man sollte die Erwartungen nicht allzu hoch schrauben. Wenn dann aber die Anfangsjahre überstanden sind, lassen diese prachtvollen, meist in Asien beheimateten Schönheiten keine Wünsche mehr offen. Die Sträucher übernehmen spielend einen Solopart in der Staudenrabatte, die dann erst im Spätsommer ihren Höhepunkt erreichen wird.

Es gibt so einige kleine Schönheiten, die einen ansprechenden Kontrast zu diesen Giganten in die Rabatten bringen. Da sind beispielsweise die Spornblumen (*Centranthus ruber*). Die reich verzweigten Horste blühen in Rot und Weiß. An jedem Ende eines Triebes entwickelt sich ein halbkugeliger Blütenstand mit winzigen Einzelblüten. Er breitet sich malerisch vor Natursteinmauern aus und ergänzt das ungestüme Treiben von Leinkraut (*Linaria purpurea* 'Canon J. Went') und Salbei 'Purple Rain', einer Sorte von *Salvia verticillata*. Beide säen sich unermüdlich in den Blumenbeeten aus und blühen stetig und zuverlässig. Schneidet man hin und wieder Welkes ab, treiben die Pflanzen kräftig und frisch durch.

Wenn der Sommer in den Garten Einzug hält, tummeln sich die verschiedensten Blütenformen in dem Beet: aufrechte Rispen von lilablauem Rittersporn (Delphinium-Hybride) und rosafarbenem Fingerhut (Digitalis purpurea), Rosen in zartem Rosa und die gelbgrünen Blütenwolken des Frauenmantels (Alchemilla mollis).

Vor der Mauer breiten sich verschiedene Rosen aus. Die rote Stimmung wird von weißem Fingerhut (Digitalis purpurea 'Alba') akzentuiert. Später ergänzen Dahlien (Dahlia) das Treiben.

Etwa zur gleichen Zeit beginnt der Rosensommer. Eine der frühen Sorten, die sich in der Saison zeigen, heißt 'Marguerite Hilling'. Die Strauchrose trägt eher schlichte, halbgefüllte Blüten in einem kräftigen Himbeerrosa. Meist verschwindet der ganze Busch innerhalb von wenigen Tagen unter der üppigen Farbenpracht, sodass man ein kleines Sommerfest zu Ehren dieser Rose feiern möchte. Natürlich machen jetzt auch die Rambler-Rosen mit ihren langen, weichen Trieben von sich reden. Die eher kleinen Blüten sitzen in so dichten Büscheln, dass man an die Blüte der Obstgehölze im Frühling erinnert wird.

Auch wenn diese Ouvertüre eher ein Solo der einzelnen Sorten ist, so achtet man bei den niedrigen Strauchrosen und den Sorten für das Beet immer auf eine angenehme Gesellschaft. Die Rosenbeete sollten dicht geschlossen sein, denn man sollte sich immer wieder darüber im Klaren sein, dass der Cottage-Garten keine offene Erde kennt. Sehr hilfreich sind hier einige Stauden mit kleinen Blüten und üppigen Blütenständen. Sehr flexibel als Rosenbegleiter ist beispielsweise der Frauenmantel (*Alchemilla mollis*). Die grüngelben Blütenwolken passen sowohl zu den zarten Rosatönen von 'Sommerwind' und 'The Fairy', als auch zu gelben Rosen wie der Floribunda-Rose 'Friesia' oder dem intensiven Karmesinrot der 'Rose de Resht'. Ganz ähnlich verhält es sich mit der Katzenminze (*Nepeta × faassenii*) und dem Mutterkraut (*Tanacetum parthenium*). Kleine Rosen, die nicht höher als sechzig Zentimeter werden, dürfen auch einmal mit den zierlichen Horsten der Bergminze (*Calamintha nepetoides*) in Verbindung gebracht werden. Streicht man durch die Blätter, macht die Pflanze ihrem Namen alle Ehre, denn eine Spearmint-Wolke entfaltet sich. Diese Minzart ist bei den Sommerinsekten sehr beliebt und trägt damit erheblich zur natürlichen Vielfalt des Gartens bei. Der Dost (*Origanum laevigatum*) treibt recht spät aus. Zunächst sehr zögerlich wachsen die graublauen Blätter dann rasch, strecken sich und es zeigt sich eine wunderschöne Blütenähre, die vor allem durch die rosa überhauchten Kelchblätter ihre Farbe erhält.

Natürlich dürfen sich zwischen den Rosen auch einige kräftigere Farbtupfer breit machen. Der Zierlauch (*Allium aflatunense*) baut seine lilablauen Paukenschläger hübsch zwischen den Rosenbüschen auf. Einen ähnlichen Akzent bringt man mit Prachtscharten (*Liatris*) und Kugeldisteln (*Eryngium planum*) ins Spiel. Allerdings sollte man immer wieder dafür sorgen, dass mit dem zweijährigen Muskatellersalbei (*Salvia sclarea*) und Gelenkblumen (*Physostegia virginica*) oder den Horsten von Sommerphlox (*Phlox paniculata*) und Indianernesseln (*Monarda*-Hybriden) die Zwischenräume dezent und leicht gefüllt werden. Zu gelben Rosen empfiehlt sich ein Trio aus Nachtkerzen (*Oenothera fruticosa*), Färberkamille (*Anthemis tinctoria*) und den niedrigen Halbsträuchern von Heiligenkraut (*Santolina chamaecyparissus*).

Eine frühsommerliche Romanze von Zierlauch (Allium aflatunense) und Akeleien (Aquilegia vulgaris) im Vordergrund.

Während sich im Hintergrund der rote Sonnenhut (Echinacea purpurea) aufbaut, vermischen sich im Vordergrund Sonnenbraut (Helenium-Hybride) und Muskatellersalbei (Salvia sclarea).

Spätestens Mitte Juli macht sich der Hochsommer im ländlichen Garten breit. Der zarte Zauber verschwindet allmählich und weicht dem strahlenden Sommerglück. Die alles bestimmende Farbpalette reicht vom reinen Goldgelb über Orange bis hin zu Brauntönen.

Ein orange-gelber Sommermix aus Dahlien (Dahlia-Hybride), Montbretien (Crocosmia masoniorum), Schafgarbe (Achillea-Hybride) und Sonnenbraut (Helenium-Hybride).

Schaut man sich die Kompositionen genauer an, dann findet man hier ein unvergleichliches Spiel von einjährigen und mehrjährigen Gartenblumen, das hin und wieder von einigen Zwiebelblumenschönheiten akzentuiert wird. In der vorderen Reihe machen sich nur allzu gerne Klassiker unter den Sommerblumen breit. Studentenblumen (*Tagetes* in Arten und Sorten), Ringelblumen (*Calendula officinalis*) und Kapuzinerkresse (*Tropaeolum majus*) lieben die sonnigen Plätze und quellen geradezu über vor Blüten. Ein kleiner Geheimtipp für diese Kombination sind die schmalblättrigen Zinnien (*Zinnia angustifolia*). Sie wirken natürlich, weil sie die im Durchmesser etwa zwei Zentimeter großen Blüten mit einem fahlen Orangeton schmücken. Will man jetzt schon ein paar Stauden einstreuen, so sind das schwefelgelbe Mädchenauge (*Coreopsis*-Hybride 'Moonbeam'), Sonnenröschen (*Helianthemum*-Hybriden) und die bodendeckende Nachtkerze (*Oenothera missouriensis*) eine gute Empfehlung. Die Kulisse wird zunächst einmal von zahlreichen Stauden gebildet. Sonnenauge (*Heliopsis*-Hybride), Sonnenbraut (*Helenium*-Hybride) und mehrjährige Sonnenblumen (*Helianthus* in Arten und Sorten) ergänzen sich hervorragend. Allerdings sind die Bltüen sehr ähnlich, sodass man hin und wieder einige Goldastern (× *Solidaster luteus*) und Goldrute (*Solidago*-Hybride) dazwischen mischen sollte. Interessant sind auch Montbretien (*Crocosmia masoniorum*), die man als Zwiebeln setzt. In Weinbauregionen sind die Pflanzen vollkommen winterhart, in sehr kalten Landstrichen wird ein Winterschutz aus einer dickeren Laubpackung und Reisig unerlässlich. Die lockere Note des Cottage-Gartens kann aber auch durch einen hohen Weidenobelisken unterstrichen werden. An seinen Seiten wachsen Sternwinden (*Ipomoea lobata*), Kanaren-Kapuzinerkresse (*Tropaeolum peregrinum*) und vielleicht ein paar Feuerbohnen (*Phaseolus coccineus*). Natürlich gehören auch Dahlien (*Dahlia*-Hybride) in die Sonnenrabatten. Die britische Variante bringt noch etwas Farben-Power ins Spiel. Da werden roter Sonnenhut (*Echinacea purpurea*) mit pinkfarbenen Blüten, rosafarbener Phlox (*Phlox paniculata*) und Blutweiderich (*Lythrum salicaria*) gepflanzt. Aus dem Hintergrund des Beetes können sich auch Schmetterlingssträucher (*Buddleja davidii*) mit ihren großen, kegelförmigen Blütenständen oder die großen Schalen des Echten Roseneibisch (*Hibiscus syriacus*) einmischen. Für die Beetränder kennen die Engländer eine Pflanze, die bei uns meist nur im Repertoire der Balkonpflanzen zu finden ist: Das Eisenkraut (*Verbena*-Hybride 'Sissinghurst') trägt duftende Blüten in leuchtendem Pink. Die hohe Form, *Verbena bonariensis* ist bei uns eher verbreitet. Diese einjährige Pflanze bildet gut meterhohe Blütenstände mit kleinen lilablauen Blütenständen und sät sich meist von alleine aus.

Im Sommer spielt sich ein Großteil des Lebens im Garten ab. Man genießt die kühle Luft am Morgen zum Frühstück, sucht sich mittags ein schattiges Plätzchen und genießt bis in den späten Abend die laue Stimmung. Es ist eine besondere Geselligkeit, die nicht steif und konventionell ist, sondern erfüllt wird von Frohsinn. Man genießt gemeinsam die zahlreichen Köstlichkeiten, die der Garten zu bieten hat. Salate werden knackfrisch geerntet und mit Kräutern verfeinert. Das Aroma von sonnengereiften Tomaten verwöhnt den Gaumen. Man spaziert durch den Garten und kehrt mit Händen voller Brombeeren, Himbeeren und den letzten Erdbeeren zum Sitzplatz zurück. Bald schon muss die lange Holzleiter in den Kirschbaum gestellt werden, damit nicht allein die Amseln die süßen Früchte verputzen. Je älter der Baum, desto mehr Eimer werden gefüllt. Und gleich am Nachmittag beginnt man die Ernte zu entsteinen, damit man die Kirschen zu Marmelade verarbeiten kann. Außerdem kann man ein paar Tüten einfrieren, damit man auch noch im Herbst eine Rote Grütze zubereiten kann. Dieses erfrischende Dessert kommt jetzt häufiger auf den Tisch, denn man kann die gerade reifen Beeren gut verarbeiten. Zwischen dem Apfelbaum und dem Gartenhaus wird die Hängematte aufgehängt. Entspannung macht sich breit, und das Stimmungsbarometer steigt.

Neben der Gießkanne gehören Bast und Schere zu den ständigen Begleitern auf dem Spaziergang durch den Garten. Mit der Wärme geht Trockenheit einher. Kübelpflanzen können sich nicht selbst versorgen, sondern bekommen am späten Nachmittag frisches Wasser. Die Blumenbeete dagegen sollten nur im Ausnahmefall gewässert werden. Ein solcher sind die neu angelegten Beete. Sie werden hin und wieder in den Morgenstunden durchdringend beregnet. Die Feuchtigkeit muss bis in die tiefen Erdschichten vordringen, damit sich das junge Wurzelwerk in diese Richtung entwickelt. Das hat den Vorteil, dass sich in den Folgejahren die Stauden aus diesen Bereichen selbst versorgen können. Natürlich gibt es auch extreme Phasen, wo das nicht mehr reicht. Gerade zur Blütezeit einzelner Pflanzen verlängern die Wassergaben die Dauer der Pracht. Durst bedeutet immer auch Stress. Dabei bringt das morgendliche Wässern den Vorteil mit, dass die Pflanzen rasch wieder abtrocknen. So haben Pilzkrankheiten keine Chance. Wässert man noch am Abend, so können sich die Pflanzen in der Nacht besser erholen. Am besten entscheidet man im Einzelfall darüber – unter Berücksichtigung der jeweiligen Vor- und Nachteile.

Die welken Blüten werden hin und wieder ausgeputzt, allerdings braucht der Country-Garten kein „geschlecktes“ Bild abzugeben. Schließlich sehen viele Fruchtstände bezaubernd aus. Wenn aber der Phlox (*Phlox paniculata*) nicht mehr besonders schön aussieht, Knäuelglockenblumen (*Campanula glomerata*) kaum noch Farbe zeigen oder gefüllte Dahlien braun werden, sollte man nicht lange zögern, sie abzuschneiden. Manchmal kann man auch schon vom Wegesrand aus den einen oder andern Handgriff machen.

Ganz und gar pflegeleicht sind naturnahe Blütenschönheiten, die man auch im Hochsommer in den Beeten antrifft. Der Knöterich (*Persicaria bistorta*) beispielsweise baut seine Horste malerisch auf und treibt immer wieder neue Blüten in einem sommerlichen Himbeerrot. Zu der mächtigen Statur dieser Stauden passen die Horste des Wasserdost (*Eupatorium purpurea*), die sich stattlich erheben, bevor sie ihre Blütenschirme an den Enden der Triebe öffnen. Aufgelockert wird das Bild durch den Schneefelberich (*Lysimachia clethroides*). Die weißen Blütenstände stehen wie Federn auf den Stängeln und verbreiten sommerliche Leichtigkeit in den Beeten. Während die genannten Arten sich zu einer dichten, fast heckenartigen Struktur ergänzen, lockern Steinnelken (*Lychnis coronaria*) und Edeldisteln (*Eryngium planum*) die offenen Beetbereiche auf. Erstere bilden mit ihren grauen, filzigen Blättern Rosetten, aus denen sich die Stängel mit weißen oder leuchtend pinkfarbenen Blüten erheben. Die Distelgewächse bringen einen silbrig blauen Schimmer in das Beet. Wärme und etwas Trockenheit vertragen auch die Taglilien (*Hemerocallis*-Hybride), die in diesen Wochen auf der Bühne des ländlichen Gartens erscheinen. Sie machen ihrem Namen alle Ehre, denn jeden Morgen öffnet sich eine frische Blüte. Die Auswahl fällt nicht leicht, es gibt unzählige Sorten. Soll die Pflanze natürlich wirken, so sollte man auf zierliche Blüten achten, die keine gerüschten Blütenränder zeigen. Ein guter Tipp für niedrige Säume am Wegesrand ist ‘Stella d'Oro’. Mit einer Höhe von 20 bis 30 Zentimetern bleibt sie für die Gattung eher klein. Die trompetenförmigen Blüten sind zierlich und tragen ein helles Orange. Selbst in Töpfen gibt diese Staude eine gute Figur ab.

Rund um die Scharlach-Lobelien (Lobelia splendens) reihen sich die verschiedensten Dahlien (Dahlia-Hybride). Ein rotbrauner Fenchel (Foeniculum vulgare 'Atropurpureum')lockert die Situation mit seinem zarten, hohen Blattwerk auf.

Wenn die Sommersonne sich verausgabt, freut man sich auf ein schattiges Eckchen im Garten. Hinter den üppigen Rosenbüschen findet man oft ein angenehmes Plätzchen. Die mehrmals blühenden Sorten verzaubern selbst im August die Zweige mit zarten Blüten und immer öfter gesellen sich jetzt auch Waldreben (*Clematis*) dazu. Die Klettergehölze benötigen ein Rankspalier, um ihre Pracht zu entfalten. Vorzugsweise verwendet man die Italienischen Waldreben, die auf Clematis viticella zurückgehen. Diese Hybriden haben den Vorteil, dass sie wenig anfällig für die Clematiswelke sind. Bei dieser Krankheit werden ganze Triebe innerhalb von wenigen Tagen welk und sterben ab. Mitunter kann die ganze Pflanze davon betroffen sein.

Dort wo hohe Gehölze für ein schattierendes Blätterdach sorgen oder Gebäude den Sonnenstrahlen keine Chance geben, entfalten die Bauernhortensien (*Hydrangea macrophylla*) ihre Pracht. Die Sträucher können als lange Reihe nebeneinander gepflanzt werden, ohne auch nur einen Hauch von Eintönigkeit zu verbreiten. Die kugeligen Blütenstände schmücken das frischgrüne Laub malerisch und zeigen ein wunderschönes Farbenspiel. Hat man einen sauren Boden, bereichern die blaublühenden Sorten die Bereiche mit einer magischen Note. Im Laufe der Sommerwochen wird der Farbton etwas fahler, aber er hält sich. Denn im Grunde sind es nicht die eigentlichen Blüten, die Buntheit zeigen, sondern die Scheinblüten, die den Vorteil haben, sich bis in den Herbst zu halten. Natürlich bekommen sie etwas Patina, Wassertropfen hinterlassen kleine Irritationen auf den vermeintlichen Blütenblättern, aber das schränkt die Fernwirkung in keiner Weise ein. Auf einem kalkhaltigen Boden gibt man grundsätzlich den Rosatönen den Vorzug, denn die für die Blaufärbung notwendigen Mineralien werden durch die Bodenreaktion festgelegt.

Auf der Suche nach niedrigen Schattenschönheiten kommt man an den Prachtspieren (*Astilbe*-Hybriden) nicht vorbei. Sie übernehmen im Sommer eine bedeutende Rolle in den absonnigen Gartenpartien. Schließlich blüht jetzt hier nur noch wenig. Die Astilben jedoch zeigen eine enorme Vielfalt und sorgen mit ihren weißen bis roten Blüten dafür, dass sich im Schatten keine triste Stimmung breit macht. Ergänzt man das Treiben noch durch einige Silberkerzen (*Cimicifuga*), so wird der Schatten zu einem lebendigen Lebensbereich. Die verschiedenen Arten unterscheiden sich vor allem in der Blütezeit. So beginnt der Silberkerzen-Sommer mit *Cimicifuga racemosa* und wird von der duftenden September-Silberkerze (*C. ramosa*) fortgesetzt. Im Herbst erscheinen die Blüten von *Cimicifuga simplex*, der Oktober-Silberkerze.

Wenn man der Dunkelheit absonniger Gartenbereiche entgegenwirken will, sollte man sich nicht nur auf die Wirkung der Pflanzen beschränken. Es ist ganz wichtig, dass man auch die Stilelemente mit Bedacht wählt. So sollten die Wege mit hellgrauem Kies oder Splitt belegt werden. Bei der Auswahl von Möbeln gibt man eher hell gestrichenen Holzmodellen den Vorzug. Accessoires wie silberne Rosenkugeln, Gartenfiguren oder Spiegel können dunkle Partien aufhellen und Akzente setzen.

Farnsommer

Die angenehme Atmosphäre im Schatten wird durch Farne unterstrichen. In die Ritzen und Fugen einer schattigen Trockenmauer setzen sich die Rosetten des Streifenfarns (*Asplenium trichomanes*) und der Pfauenradfarn (*Adiantum pedatum*). Für das Unterholz empfehlen sich der Rotschleierfarn (*Dryopteris erythrosora*) oder der Japanische Regenbogenfarn (*Athyrium nipponicum* 'Metallicum'), wenn der Platz eher knapp ist. Für ausgedehnte Farnpflanzungen kommen der Goldschuppenfarn (*Dryopteris affinis*), der Glanzschildfarn (*Polystichum aculeatum*) und natürlich der Straußfarn (*Matteuccia struthiopteris*) in Frage. Wichtig für das Wachstum ist ein humoser Boden. Die meisten Arten bevorzugen eine saure Bodenreaktion, die man durch Lauberde und Kompostgaben fördern kann.

Unter dem Bogen mit der Kletterrose entsteht ein verschwiegener Sitzplatz.

Ein nostalgischer Kranz aus Rosen, Nelken (Dianthus) und Sterndolden (Astrantia).

Der Herbst ist die Jahreszeit der Gräserschönheiten. Die flachen Sonnenstrahlen spielen mit den malerischen Blüten des Zottenraugrases (Spodiopogon sibiricus 'West Lake') im Hintergrund links und dem Band aus Diamantgras (Achnatherum brachytricha).

Herbst

Der ländliche Garten trumpft im Herbst richtig auf. Es scheint, als müsse er jetzt beweisen, was in ihm steckt. Die Blumen zeigen eine überschäumende Blütenpracht. Die Färbung der Blätter ergänzt die Gartenbilder mit ihren temperamentvollen Farbenspielen, und in Holzsteigen und Weidenkörben warten die reifen Früchte des Cottage-Gartens darauf verarbeitet und eingelagert zu werden.

Ein erster Hauch von Herbst mischt sich bereits in den späten Sommerwochen in die Gartenatmosphäre. Man riecht förmlich, wie sich die dritte Jahreszeit im Garten breit macht. In den kühlen Nächten schlägt sich die Feuchtigkeit nieder und erfüllt die Luft am Morgen mit erdigem Duft. Tagsüber, wenn die Sonne kräftig scheint, verfliegt dieses Parfüm wieder. Doch mit jedem Tag mehren sich die Anzeichen: Die ersten blassrosafarbenen Blüten der Herbstanemonen (*Anemone japonica*) öffnen sich. Die porzellanartigen Schalen schweben auf den sechzig bis achtzig Zentimeter hohen Stängeln durch die halbschattigen Beete und tragen in ihrer Blütenmitte die goldgelben Staubgefäße. Allmählich werden auch die blaugrauen Dolden des Blumensedums (*Sedum telephium*) rötlich und auch die frühen Kissenastern (*Aster dumosus*) lassen ihre dichten Triebe unter den Blütensternen verschwinden. Morgens liegt ein wundervoller Nebelschleier über dem Garten, der sich erst ganz allmählich lichtet. Die Sonne steht schon recht tief und so funkeln die Strahlen in den Wassertropfen, die an den Grashalmen der Wiese haften. In den Spinnennetzen schillern sie wie kleine Perlen, die auf Schnüren aufgereiht sind. So hat der Altweibersommer seine eigenen Bilder, die immer wiederkehren und doch in jedem Jahr ein faszinierendes Schauspiel darstellen, weil diese Zeit nur wenige Wochen dauert.

Es mischen sich jetzt auch fruchtige Duftnoten in das herbstliche Potpourri der Luft. Pflaumen, Birnen und Äpfel füllen jetzt die Weidenkörbe auf der Terrasse, wo man die Früchte noch in den Sonnenstrahlen ausreifen lässt. Es gehört zu den Erlebnissen des Herbstes, sich jetzt an frisch geerntetem Obst satt zu essen. Auf dem Weg vom Kompost zum Blumenbeet, wo man gerade die Dahlien zurückschneidet, schmeckt so ein kühler, säuerlicher Apfel einzigartig. Und wenn man anschließend noch ein paar Weinbeeren von der Traube zupft, schwelgt man gedankenversunken in den wundervollen Farbkompositionen des Herbstes. Den Obstgehölzen muss jetzt besonders viel Aufmerksamkeit geschenkt werden. Eine reiche Ernte lässt die Zweige weit nach unten hängen, so dass man rechtzeitig einige kräftige, lange Latten oder Zweige bereit halten sollte, mit denen man die Äste abstützt. Denn wenn ein unverhoffter Sturm aufkommt, ist die maximale Biegsamkeit meist schnell erreicht und der Ast bricht ab. Außerdem muss man jeden Tag testen, ob sich die Früchte schon leicht ablösen lassen. Schon ein kleiner Dreh reicht bei einem reifen Apfel aus. Diesen Zeitpunkt muss man abpassen und dann mit der Leiter in die Bäume steigen oder mit dem Käscher Äpfel und Birnen behutsam ernten. Fallen sie auf den Boden, haben sie meist gleich eine weiche Stelle, die schnell fault. Außerdem warten viele hungrige Vögel und gierige Insekten darauf, sich über die süßen Köstlichkeiten herzumachen. Für sie bleiben meist noch genügend Früchte übrig, zumal jetzt auch in den Hecken mit Wildfrüchten einiges an Nahrung wartet. Vogelbeeren (*Sorbus aucuparia*), Holunderbeeren (*Sambucus nigra*) und Kornelkirschen (*Cornus mas*) leuchten zwischen den bunten Blättern.

Es gibt jetzt viel im Garten zu tun. Neben dem täglichen Einsammeln und Ernten der reifen Früchte steht der Herbstputz in den Beeten an. Die nicht winterharten Knollen und Zwiebeln von Gladiolen (*Gladiolus*-Hybride) und Dahlien (*Dahlia*-Hybride) werden ausgegraben. In der Sonne können die Speicherorgane gründlich abtrocknen, so dass die Erde abtrocknet und leicht abfällt. Man sollte beim Ausgraben natürlich gleich ein Etikett mit dem Namen oder einer Kurzbeschreibung von Blüte und Höhe an der Pflanze befestigen, damit man die Schönheiten im folgenden Jahr wieder richtig platzieren kann. Die welken Triebe werden kompostiert. Am besten häckselt man das Grünzeug, um den natürlichen Kreislauf der Zersetzung zu beschleunigen.

Jeder Weg durch den Garten lohnt sich, denn noch gibt es viel zu entdecken. Unter dem Fächerahorn (*Acer palmatum*) schieben sich beispielsweise die blassen Stiele der Herbstzeitlosen (*Colchicum autumnale*) in die Höhe. Die fliederfarbenen Kelche stehen ohne Blätter über der Erde. Daher sieht es besonders reizvoll aus, wenn man sie unter einen Strauch setzt, der eine hübsche Laubfärbung im Herbst hat, wie der Fächerahorn. Die ersten heruntergefallenen Blätter bilden einen malerischen Kontrast. Meist stehen die Blüten in einem dichten Tuff. Und wer an diesen herbstlichen Zwiebelschönheiten Gefallen gefunden hat, wird im Sommer nicht nur die einfache Form bestellen, sondern auch die wundervollen gefüllten und großblumigen Sorten, wie zum Beispiel 'Autumn Queen' und 'Waterlily'. Im Unterholz treiben sich die winzigen Blüten des efeublättrigen Alpenveilchens (*Cyclamen hederifolium*) herum und man sollte aufpassen, dass die herunterfallenden Blätter die Pracht dieser Herbstblüher nicht verdecken.

Es ist nicht nur die Wehmut des nahenden Winters, die einem die Entscheidung schwer macht die Dahlien (Dahlia-Hybride) auszugraben. Meist stehen die Büsche im September so prachtvoll in Blüte, dass man diesen Anblick nicht zerstören möchte. Ein Trost sind die herrlichen Sträuße, die noch eine ganze Weile an den Dahliensommer erinnern.

Herbstanemonen (Anemone japonica) tanzen im Spätsommer durch die Beete. Die ungefüllten Schalen wirken besonders zart. Die Stauden brauchen einen lockeren Boden, aber man sollte nicht mit der Hacke den Boden bearbeiten, da sich im Oberboden zarte Ausläufer bilden, die die Horste von Jahr zu Jahr größer werden lassen.

Die Farbpalette des Altweibersommers reicht von zartem Rosa bis hin zu kräftigen Lilatönen. In den Blumenbeeten trumpfen jetzt die wundervollen Herbstastern (*Aster novae-angliae, A. novi-belgii*) auf. Diese werden aufgrund ihrer Blattoberfläche auch Glatt- und Raublattastern genannt. Sie werden gut einen Meter hoch. Die zum Teil gefüllten Blüten haben in der diesigen Herbstluft eine überzeugende Leuchtkraft. Die Triebe sind vom Frühjahr bis zum Herbst in die Höhe gewachsen. Man bindet sie an einem kräftigen Holzpfahl rustikal zusammen. Meist werden zur Blüte die Stängel im unteren Drittel bereits kahl, weil die Blätter vertrocknet sind und abfallen. Daher sollte man den Herbstastern einen Platz im Hintergrund geben. Im Vordergrund stehen herbstliche Ziergräser und Blumensedum. Neben diesen Klassikern dürfen in den herbstlichen Beeten die kleinen Myrtenastern (*Aster ericoides*), im Volksmund auch Septemberkraut genannt, und Arten wie *Aster divaricatus* oder *Aster laevis* nicht fehlen. Sie tragen ihre natürliche Blütenpracht locker über die Triebe verteilt.

Wenn der goldene Oktober schließlich naht, mischen sich immer mehr Gelbtöne und rote Tupfer in die Gartenbilder. Es sind Früchte und Blätter, die sich wie im Farbenrausch präsentieren. Der Wilde Wein (*Parthenocissus quinquefolia*) bringt die Wände, an denen er empor klettert, zum Lodern. Die kalten Temperaturen veranlassen die pflanzlichen Akrobaten – ähnlich wie alle anderen laubabwerfenden Gewächse – ihre Inhaltsstoffe von den Blättern in die Wurzeln zu verlagern. Als erstes verschwindet so das Blattgrün und es werden die gelben und roten Farbpigmente sichtbar. In dieses Feuerwerk der Farben stimmen auch die Hagebutten ein. Es sind vor allem die Wildrosen, die jetzt mit diesem reizvollen Schmuck aufwarten. Wer diesen Schmuck gezielt in die Gartenstimmung einplant, muss zwei Dinge berücksichtigen: Gefüllt blühende Rosen haben die Bildung von Früchten meist zugunsten der dichten Blütenblätter aufgegeben. Zum anderen darf man die Rosensträucher im Sommer nicht putzen, denn mit den welken Blüten würde man auch den Fruchtansatz entfernen.

Das leuchtende Spektakel der Früchte bekommt durch die reifen Kürbisse eine besondere Note. In den vergangenen Jahren hat dieses Gemüse eine Renaissance erlebt. Nachdem in unseren Breiten nur der schlichte, lachsfarbene Speisekürbis als sättigendes Wintergemüse bekannt war, eroberten aus Amerika und Japan wundervolle Formen die Saatgut-Sortimente. Kleine Halloween-Kürbisse, der schlangenförmig gewundene 'Trombocino', die grünen und gefleckten 'Acorns', die orangeroten 'Turk's Turban' und der wie aus Ton wirkende 'Muskatkürbis', der ein sehr aromatisches Fruchtfleisch hat, bereichern den Garten. Nun kann man sich überlegen, ob man die Pflanzen tatsächlich im Garten selbst anzieht. Einen geeigneten Platz findet man zum Beispiel auf der Kompostmiete. Der Kürbis findet hier reichlich Nährstoffe und der Kompost wird gut schattiert, so dass er nicht so schnell austrocknet. Wichtig ist, dass man die Jungpflanzen nicht in die Miete setzt, sondern sie seitlich daneben pflanzt. So kann sich das Wurzelsystem ausbreiten und profitiert von den kostbaren Nährstoffen, die durch Regenwasser ausgespült werden. Doch wird man nur in einem sehr großen Garten tatsächlich verschiedene Sorten pflanzen können, denn der Kürbis braucht viel Platz. Daher wird man zur Dekoration verschiedene Sorten beim Bauern kaufen oder mit den Nachbarn einen Kürbistausch organisieren. Die japanischen Sorten mit einer grüngrauen Schale passen gut als Eyecatcher zu den Zinkgefäßen, während die großen orangefarbenen auf der Terrasse den einen oder anderen Farbtupfer der Sommerblumen ersetzen. Zierkürbisse füllen Lücken im Topfgarten und sind dekorative Elemente auf jedem Terrassentisch.

Ausdauernde Fuchsien

Die Scharlachfuchsien (*Fuchsia magellanica*) sind winterhart. Diese wunderschönen Sträucher stammen aus Südamerika. Sie sind viel zierlicher aufgebaut als die Balkon-Klassiker. Daher eignen sie sich gut für den Cottage-Garten. Besonders wertvoll sind sie aber durch ihre lange, bis in den Herbst andauernde Blütezeit. Man sollte sie an einen geschützten Platz pflanzen. Der Halbschatten ist ideal. Der natürliche Standort liegt am Waldrand, daher sollte man auch einen möglichst humosen Boden haben, wenn man die Sträucher in den Garten holt. Beim Pflanzen setzt man die Fuchsien sehr tief. Ein guter Winterschutz aus Tannenreisig und Lauberde ist unverzichtbar. Zum Winter schneidet man die Horste komplett zurück. Der Austrieb erfolgt im nächsten Frühjahr aus dem Wurzelstock.

Farben und Formenspiele des Herbstes: Das Korallenrot der Hagebutten trifft das frische Grün der Ziergurken. Stillleben werden aufgebaut, wo es dem Garten an Blickfängen mangelt. Auch Kürbisse, die im Hintergrund zu sehen sind, fügen sich in solche Dekorationen hervorragend ein.

Wenn sich der Herbst in Lilatöne hüllt, haben blaue Trauben, Bohnen und Auberginen die Chance zu einem ganz großen Auftritt auf der Gartenbühne.

Die trockenen Blüten der Hortensien werden zu kleinen Kränzen gebunden und mit kugeligen Kerzen geschmückt. Die letzten Blüten der Trichterwinden legen sich elegant dazwischen.

Die Fruchtstände der Herbstanemonen (Anemone japonica) sehen aus wie Wattebäusche.

Die dicht behaarten Blüten der Mähnengerste (Hordeum jubatum) im Gegenlicht.

Die Blütenstände des Flaschenbürstengrases (Pennisetum) im Herbstwind.

Zum Herbst gehört die Gräserschönheit. Bereits in den späten Sommerwochen zeigen sich die Blüten von Bartgras (*Andropogon scoparius*) und Moskitogras (*Bouteloua gracilis*). Doch erst im Herbst beginnt das wunderschöne Spiel mit den Farben. Die Blüten der Gräser stimmen sich auf die Farbpalette von Kupfer, Bronze und Rotgold ein, die sich auch im Blattwerk der laubabwerfenden Pflanzen breit macht. Für die Kulissen des ländlichen Gartens eignen sich die verschiedenen Sorten des Chinaschilfs (*Miscanthus sinensis*). Dieses Gras wird mannshoch und bildet sehr ästhetische Horste. Die Blütenstände sehen aus wie Wasserspiele, insbesondere wenn sie trocken werden und mit der dichten Behaarung der Samen in der Sonne schillern. So heißen die Sorten auch 'Kaskade' und 'Kleine Fontäne'. Mit den straff aufrechten Schönheiten wie der Hirse (*Panicum virgatum*) bekommen die Blumenbeete einen Akzent. Gerade zwischen den Blütenwolken der Herbstastern (*Aster* in Arten und Sorten) sind solche Unterbrechungen willkommen.

Das Federborstengras (*Pennisetum alopecuroides*) baut sich zum Herbst zu einer Halbkugel auf. So kann man mit den Sorten 'Compressum' und der etwas niedrigeren Form 'Hameln' in der Gartenszenerie Lücken füllen. In Ecken am Terrassenbeet, am Eingang zum Gartenhaus und als kleine Insel im Gartenweg schenken diese Gräser dem Garten ein besonderes Flair. Die Horste übernehmen gerne architektonische Funktionen. Ganz anders vom Charakter ist eine einjährige Schwester: *Pennisetum setaceum*. Sie kommt in unseren Breiten gerade in Mode. Rötliches Blattwerk zeichnet dieses Gras aus. Im Spätsommer erscheinen die leicht überhängenden Blütenstände, die an den Schwanz eines Eichhörnchens erinnern, weil sie weich wie ein Fell sind. Zwischen Dahlien und späten Stauden kommt so eine ganz besondere Textur ins Spiel.

Betrachtet man die Gräser unter dem Gesichtspunkt der Herbstfärbung, dann findet man auch einige bezaubernde Arten. Das Japanische Blutgras (*Imperata cylindrica)* 'Red Baron' zählt zu den Highlights. Die Färbung ist leuchtend rot und wird besonders intensiv, wenn das herbstliche Abendlicht durch die Blätter fällt. Aber leider ist die Pflanze in unseren Breiten nicht ganz unkompliziert, zudem wächst sie sehr langsam. Sucht man das Robuste, dann sollte man nochmals einen Blick auf die Hirse werfen. Sorten wie *Panicum virgatum* 'Rehbraun' überzeugen mit ihrer rötlichen Herbstfärbung. In Kombination mit einem Liebesperlenstrauch (*Callicarpa bodinieri*) und Lampionblumen (*Physalis alkekengi*), entsteht eine Komposition mit moderner Anmutung.

Mit dem Herbst werden die Kontraste im Garten wieder stärker. Einige Ecken blühen noch üppig, andere sind bereits deutlich auf dem Weg in die Winterruhe. Manchmal erstarrt das Leben von einem auf den anderen Tag. Jetzt sollte man noch nicht gleich verzagen, sondern kleine Dekorationen aufbauen. Tischchen, Stühle, Körbe und Eimer kommen jetzt ebenso zum Einsatz wie die Windlichter. So reifen auf dem einen Tisch in der Sonne die Tomaten, die man bereits geerntet hat. Alte Kuchengitter verhindern, dass sich Wasser unter den Früchten sammelt. An einer anderen Stelle präsentiert sich ein großer Dahlienstrauß. Davor werden die ausgegrabenen Knollen ausgelegt, damit das anhaftende Erdreich in der Sonne abtrocknen kann. Es geht nicht darum, alle Ecken durchzustylen. Aber man kann mit wenigen Handgriffen Dinge harmonisch arrangieren und sich so mit allem Werkzeug, den Körben und den Früchten allmählich aus den hinteren Gartenbereichen zurückziehen. Der Bewegungsradius wird geringer, weil die Temperaturen bereits deutlich gesunken sind. Jetzt muss man schon richtig zupacken, damit man im Garten nicht friert. Ein wirksames und stimmungsvolles Mittel gegen die unangenehme, feuchte Kälte ist ein Feuerkorb. Ein paar Scheite werden darin angezündet und sobald sich eine Glut gebildet hat, kann man eine Kastanienpfanne hineinstellen und sich ein paar Maronen rösten. So machen die Herbstarbeiten viel mehr Spaß. Schon bald werden die ersten Familienmitglieder und Freunde dazu kommen. Das Feuer wird nochmals entfacht und anschließend legt man ein paar große Kartoffeln in den Feuerkorb. Die Stärkung ist eine willkommene Bereicherung auf dem reich gedeckten Tisch am Abend.

Raureif verzaubert die schon seit Wochen welken Blüten der Kletterhortensie (Hydrangea anomala ssp. petiolaris) mit seinen schillernden Kristallen.

Winter

Es wird immer kälter und der Garten geht nun zur Ruhe. Die Laubgehölze haben ihre Blätter abgeworfen. Grau und Braun werden zu den bestimmenden Farben. Noch trotzen einzelne Blüten dem trüben Wetter und sorgen für Farbtupfer. Man sehnt sich nach winterlicher Kälte, denn so kann man auf die malerischen Verzierungen der Gartenstrukturen durch Raureif und Eisblumen hoffen. Die feinen, weißen Eiskristalle entstehen bei hoher Luftfeuchtigkeit und Minusgraden. Samenstände, Blattränder und die letzten Blüten werden von Väterchen Frost verziert. Man möchte meinen, ein Zuckerbäcker hätte den Cottage-Garten kandiert. Diese Schönheit währt meist nur kurz und doch prägt sie sich fest in das Gärtnergedächtnis ein. Geht man an einem Raureif-Morgen aufmerksam durch den Garten, entdeckt man vieles neu: Die wintergrünen Farnwedel präsentieren ihre grafischen Strukturen. Die eingerollten Funkienblätter kommen nochmals zu Ehren. Stachelige Rosenzweige und die Fruchtstände des Sonnenhutes (*Rudbeckia*) fallen besonders ins Auge, denn die Eiskristalle bilden sich besonders stark an Rändern und erhabenen Strukturen. Die Muster von Blattnerven und Samenkapseln spielen sich dezent in den Vordergrund.

Die Schönheit von Immergrünen stimmt jetzt zuversichtlich. In der vorweihnachtlichen Zeit macht vor allem die Stechpalme (*Ilex aquifolium*) von sich reden. Die stachelig eingebuchteten Blattränder und die roten Früchte gehören zu den Symbolen der Adventszeit. Sie wirken lebendig zwischen den frostigen Strukturen. Ebenso ist man jetzt froh, ein paar Ecken mit Zwergmispeln (*Cotoneaster*) bepflanzt zu haben. Das robuste Allerweltsgehölz trägt an seinem dichten, kissenartigen oder überhängenden Astwerk kleine Blätter und zahlreich rote Beeren. Aber auch der Buchsbaum (*Buxus sempervirens*), der als Kugel oder Kegel einen Ruhepol im sommerlichen Cottage-Garten bildet, bekommt mit einem Mal eine belebende Funktion. Die Akzente der klaren Formen bestimmen die Gartenbilder.

Es stellt sich nun heraus, wie wichtig ein sorgsamer Herbstputz in den Beeten ist. Die noch nicht herunter geschnittenen Gräser strukturieren, ebenso, wie die kleinen, schwarzen Knöpfchen von Sonnenhut (*Rudbeckia triloba*), die etagenförmigen Wirtel des Brandkrautes (*Phlomis russeliana*) und die Paukenschläger der verblühten Indianernesseln (*Monarda*-Hybride). Sie bereichern die Bilder und halten die Erinnerungen an den Sommer noch eine ganze Weile aufrecht. Schließlich gehört der Winter zu den besinnlichen Zeiten. Eine frische Mulchdecke oder großzügige Kompostgaben geben den trockenen Trieben einen geordneten Rahmen.

Jetzt nimmt man sich das kleine Gartentagebuch zur Hand und blättert es in aller Ruhe durch. Schließlich plant man gerade im Januar die neue Saison und in die Überlegungen fließen auch die Notizen zu Veränderungen und Verbesserungen ein, die man das ganze Jahr über gemacht hat. Jetzt werden Bücher gewälzt, die Zeitschriften nochmals durchgeblättert und die Pläne bekommen allmählich ein Gesicht. Solche kreativen Zeiten versetzen einen in einen Rausch, der die Wintertristesse vergessen lässt. Bei einem Kräutertee aus dem eigenen Garten werden die frisch eingetroffenen Kataloge durchgeblättert. Eine vorgetriebene Hyazinthe (*Hyacinthus orientalis*) gibt eine Vorahnung auf den Frühling. Die Zeit bleibt nicht stehen. Jetzt müssen Samen bestellt werden. Doch zuvor sollte man die Bestände sichten und natürlich auch die noch nicht geputzten Samen reinigen.

Immer- und wintergrüne Stauden für die Blumenbeete

Haselwurz (*Asarum europaeum*), Bergenie (*Bergenia*-Hybride), Elfenblume (*Epimedium* in Arten), Lenzrosen (*Helleborus orientalis*), Dickmännchen (*Pachysandra terminalis*), Immergrün (*Vinca minor*), Golderdbeere (*Waldsteinia ternata*)

Schneedecken verhüllen die Pracht des Gartens. Weiße Kissen liegen malerisch auf den Zweigen und zeichnen die Strukturen des Gartens nach. Man wagt kaum hinauszugehen, denn jeder Fußabdruck nimmt dem weißen Überzug seinen Zauber. Doch die Schönheit will bestaunt werden. Schließlich entdeckt man die Details erst beim Spaziergang. Außerdem wird man rasch sehen, dass schon einige andere Lebewesen durch den Garten gehüpft oder gerannt sind. Die Spuren malen ihre Muster in den Schnee. Ist der Schnee locker, so muss man sich keine Gedanken machen. Nasse, schwere Flocken dagegen können einiges an Schaden anrichten. Nicht jeder Baum kann die Last tragen. Besonders die Immergrünen sind gefährdet. Mit einem Besen fegt man den Schnee von Blättern und Zweigen, damit sie nicht herunterbrechen.

Doch schon bald nachdem der Schnee geschmolzen ist, macht sich Unruhe breit. Nach der lichtarmen Zeit, die das Leben in weiten Teilen auf die Wohnräume beschränkt hat, fühlt man sich ausgeruht, ja fast schon ein wenig ausgehungert. Der Winter wird in seinen letzten Wochen unvermeidlich zu einer Fastenzeit für die Sinne. Doch wenn man dieses einmal positiv betrachtet, so merkt man, dass die Wahrnehmung geschärft ist. Man sehnt sich nicht nur nach Farbe, Geschmack und Düften, sondern man nimmt schon die kleinste Veränderung ganz deutlich wahr. Und nie schreitet man so aufmerksam und voller Vorfreude durch den Garten wie in den späten Wintertagen. Wer vorgesorgt hat, wird jetzt mit den ersten Blüten belohnt. Die Zaubernuss (*Hamamelis mollis*) entrollt ihre troddelförmigen Blüten, wenn es warm genugt ist. Leuchtend gelb, feurig orange und dunkelrot sind die Sorten. Der Winterjasmin (*Jasminum nudiflorum*) trägt gelbe Blüten, die Glück verheißen. Und auch die Nase kann schon wieder Erfahrungen sammeln: Der Duftschneeball (*Viburnum fragrans*) sitzt voller Blüten, die ein süßliches Parfüm verströmen. Jetzt lässt auch die Kornelkirsche (*Cornus mas*) nicht mehr lange auf sich warten.

Wenn sich dann die Erde plötzlich bewegt, durch die kräftigen Triebe der krautigen Frühlingsboten hochgedrückt wird, macht sich eine Art Festtagsstimmung breit. Stummer Jubel, ein Lächeln in den Gesichtszügen. Jetzt brechen auch im Herzen des Gärtners die Krusten der Wintertristesse auf und man fühlt die Kraft: Ja – es ist soweit. In wenigen Wochen wird sich der Frühling zeigen. Natürlich wird es Wochen dauern, bis der Garten wieder in seinem farbenfrohen Glanz erscheint, aber die Talsohle ist durchschritten. Soviel ist ganz gewiss. Nun macht man sich jeden Tag auf in den Garten, um weitere Indizien zu entdecken und vielleicht tatsächlich die erste Blüte, das erste frischgrüne Blatt mit eigenen Augen wahrzunehmen. Wer auf Nummer sicher gehen will, dass sich ein frühzeitiger Erfolg einstellt, hat irgendwo im Schatten eines Laubgehölzes Duftveilchen (*Viola odorata*) gepflanzt. Dieses kleine Polster liegt in der Sonne, solange an den Zweigen des benachbarten Busches keine Blätter sind, und ganz gleich was der Kalender sagt, die Duftveilchen richten sich ganz ausschließlich nach dem Thermometer. Wenn es frostfrei ist und die Temperaturen für mehrere Stunden am Tag zwischen vier und sechs Grad Celsius pendeln, regen sich die wintergrünen Blätter rasch. Sie stellen sich auf und bald schieben sich in ihrem Schutz kleine Blütenstiele in die Höhe. Ein passionierter Gärtner wird sich jetzt ganz gewiss bücken und vielleicht sogar die erste Blüte pflücken, um den warmen, köstlichen Duft dieser treuen Winterblume auszukosten. Was für den Laien vielleicht wie Frevel wirkt – schließlich ist es die erste Blume – beruht auf der Gewissheit des Handelnden, dass sich in den kommenden Wochen noch dutzende von Veilchenblüten zeigen werden. Wenn die Temperaturen sinken, werden die Blätter wieder etwas glasig und tiefdunkelgrün. Das ist aber kein Grund zur Sorge, mit der steigenden Quecksilbersäule wird sich die positive Entwicklung fortsetzen.

Das Tempo wird schon etwas schneller, denn die Vorboten der neuen Saison breiten sich meist flächig aus. Winterlinge (*Eranthis hyemalis*) beispielsweise bilden mit ihren gelben Schalen einen breiten Teppich, der jedes Jahr ein bisschen größer wird.

Schon bald gibt es die nächsten Erfolgserlebnisse zu verzeichnen. Die Schneeglöckchen (*Galanthus nivalis*) stehen in den Startlöchern. Die blaugrünen Blattnasen wachsen deutlich. Fast täglich lässt sich der Fortschritt beobachten. Wenn sie schließlich so eine Hand breit hoch sind, entdeckt man, dass das Blattwerk die Blütentriebe schützt. Mancher Riemen ist ein Stängel, der an der Spitze die weißlichen Blütenblätter preisgibt. Die Knospe wird immer schwerer und nun entsteht das Glöckchen, das im Winterwind lautlos läutet. Es ist gut, wenn man auch im Topfgarten ein paar kleine Winterblüher hat. So kann man das Schauspiel des Erwachens noch besser beobachten und nimmt auch die Schönheit manches Frühaufstehers viel besser wahr. Die Netziris (*Iris reticulata*) beispielsweise trägt ein kontrastreiches orangegelbes Muster auf ihren mehrere Zentimeter langen, blauvioletten Hängeblättern.

Die Frühaufsteher im Country-Garten

Winterblühende Gehölze:
Winterheckenkirsche (*Lonicera purpursii*), Winter-Schneeball (*Viburnum × bodnantense*), Winterkirsche (*Prunus subhirtella* 'Autumnalis')

Mehrjährige Gartenblumen mit zeitigem Blühbeginn:
Alpenveilchen (*Cyclamen coum*), Großblumiges Schneeglöckchen (*Galanthus elwesii*), Christrose (*Helleborus niger*), Gelbe Zwiebeliris (*Iris danfordiae*)

Die verschiedenen Strukturen von Blättern und Farnwedeln machen auf sich aufmerksam, wenn sie von den Eiskristallen an einem kalten Wintermorgen überzuckert werden. Leider sind diese Bilder immer nur Momentaufnahmen, die wenige Stunden währen.

Veilchenblüten (Viola) werden von Väterchen Frost kandiert – man kann die Blüten aber auch in der Küche mit Zuckerkristallen verfeinern und Dessert und Petit Fours damit verzieren.

Alpenveilchen (Cyclamen coum) und Schneeglöckchen (Galanthus nivalis) verkünden in den schattigen Bereichen des Gartens das nahende Ende des Winters.

Die Köpfchen der Indianernesseln (Monarda-Hybride) stehen als Erinnerung an einen wunderschönen Sommer im winterlichen Blumenbeet.

Der Frost betont die feinen Strukturen der Pflanzen, wie man deutlich an der Wilden Karde (Dipsacus fullonum) erkennt.

Es sind einzelne Ausschnitte aus dem Garten, die jetzt das Auge verzücken, aber auch nur, wenn wir den Garten nicht durch einen Kahlschlag in den Winterschlaf gebracht haben. So kann man diese späte Sonnenhut-Blüte (Rudbeckia fulgida) auch im Winterkleid entdecken.

Schnee malt mit seinen dicken Kissen auch die Strukturen des Gartens wie dieses dichtbewachsene Rankgerüst nach. In der weißen Winterlandschaft leuchten einzelne Rosenkugeln.

Der Garten wirkt unter der weißen Decke wie erstarrt. Man möchte diese Bilder vom Sitzplatz vor dem Pavillon nicht missen, sie verschaffen Ruhe, um neue Ideen zu entwickeln.

Der malerische Fruchtstand des Bärenklaus (Acanthus) mit den noch grünen Kapseln.

Eine Tüte aus Vlies verhindert, dass die reifen Samen direkt auf den Boden fallen.

Gärtnern im ländlichen Garten

Die Praxis im Country-Garten unterscheidet sich nicht grundlegend von der in einem formalen oder einem Naturgarten. Und doch gibt es ein paar Dinge, die man anders anpackt oder zumindest aus einem anderen Blickwinkel betrachtet. Man lässt sich mit den Arbeiten viel stärker auf den Garten und seinen Rhythmus ein, lässt die Pflanzen gewähren und greift im Grunde nur lenkend ein. Nur so können sich die kleinen, lauschigen Bilder ergeben, die den ländlichen Charme ausmachen. Zudem bekennt man sich mit der Entscheidung für den ländlichen Garten mehr als bei jedem anderen Gartentyp für die enge Bindung zwischen der Idylle und dem Menschen. Ein Heidegarten oder eine Koniferenpflanzung werden unter dem Gesichtspunkt gepflegt, dass sich nur wenig verändert. Natürlich blüht es in diesen Gärten auch und Blattverfärbungen unterstreichen die Jahreszeiten. Im Country-Garten dagegen ist alles im Wandel. Da verändern sich die Beete innerhalb von wenigen Wochen, so dass man sie kaum wieder erkennt. Und genau darauf muss man sich einstellen. Das Einlassen auf Experimente ist notwendige Vorraussetzung, damit sich neue Erfolge einstellen können. Die folgenden Seiten stimmen Sie auf das ländliche Gartenabenteuer ein.

Sammeln von Samen

Will man Pflanzen anziehen, so lohnt es sich Samen zu sammeln. Sie reifen vom Frühsommer bis in den Herbst heran. Gerade bei einjährigen Gartenblumen kann man so recht preisgünstig die opulente Fülle herbeizaubern. Außerdem erweitert man seinen Erfahrungsschatz, lernt die Sämlinge zu erkennen und schärft den Blick für zauberhafte Formenspiele. Samen sollten möglichst an den Pflanzen ausreifen. Erst wenn sich die Fruchtstände von alleine öffnen, werden sie gesammelt. Die Samenstände sollten möglichst trocken sein, daher geht man am besten am Nachmittag in den Garten zum Sammeln. In Briefumschlägen oder kleinen Jogurtgläschen kann man die Fruchtstände und Körner bei dem Rundgang schnell unterbringen. Natürlich darf man nicht vergessen, die jeweiligen Arten zu beschriften. Manche Samenkapseln öffnen sich plötzlich und schleudern die Körner weit auseinander. In einem solchen Fall faltet man aus Vlies Tütchen, die man im letzten Drittel der Reife über die Fruchtstände stülpt und mit Bast am Stängel zubindet. Wenn die Samen reif sind, fallen sie in die Hülle. Raschelt es verheißungsvoll im Vlies, dann schneidet man die Tüte samt Stiel ab. Alle Samen sollten im Herbst gereinigt werden und dann bis zur Aussaat trocken, kühl und dunkel aufbewahrt werden.

Direkt aus der Kapsel rieseln die Mohnsamen in ein beschriftetes Tütchen.

Aussaat
In flachen Schalen sät man das Saatgut aus. Wichtig ist, dass man eine nährstoffarme, lockere Erde verwendet. In einem Gefäß finden meist mehrere Arten Platz. Mit einem dünnen Splintstab markiert man die verschiedenen Felder und steckt ein Etikett dazu, damit man später weiß, was keimt. Der Profi notiert auf dem Etikett auch das Datum der Aussaat. So bekommt man ein Gefühl für die Keimdauer.

Angießen der Saat
Mit einer feinen Brause wird die Oberfläche befeuchtet. Die Samen müssen möglichst gleichmäßig feucht sein. Die Erde darf aber auch nicht nass sein. Es empfiehlt sich, die Gefäße mit einer Glasscheibe oder einer Glocke abzudecken. Das verhindert ein rasches Abtrocknen der Oberfläche.

Übersieben der Saat
Die Samen streut man in einem lockeren Abstand auf die Erde. Sehr feines Saatgut lässt sich leichter verteilen, wenn man es mit etwas Sand vermischt. Anschließend siebt man dünn etwas Erde über die Samen. So bleiben sie feucht und keimen rasch. Eine Ausnahme bilden Lichtkeimer wie Basilikum. Wie die Bezeichnung vermuten lässt, benötigen sie Licht zum Keimen und dürfen nicht abgedeckt werden.

Entnahme der Sämlinge zum Pikieren
Wenn sich nach den Keimblättern die ersten Laubblätter voll entfaltet haben, können die Sämlinge pikiert werden. Mit einem Pikierstab lockert man die Erde und hebt die zarten Pflanzen aus der Erde. Man fasst sie gefühlvoll an den Blättern an, so dass die Triebe nicht beschädigt werden.

Andrücken der Saat
Nun wird die Erde behutsam festgedrückt. Am besten nimmt man ein Andrückholz, das man leicht selbst bauen kann. Wichtig ist eine glatte Fläche. So bekommen die Samenkörner Bodenhaftung, wodurch sie gleichmäßig feucht bleiben. Außerdem verhindert man, dass Unebenheiten eine unregelmäßige Wasserverteilung begünstigen.

Pikieren
Nun nimmt man einzelne Sämlinge und knipst mit den Fingern die Wurzelspitzen ab, um die Verzweigung anzuregen. Mit dem Pikierholz bohrt man Löcher in regelmäßigem Abstand in die mit Anzuchterde gefüllte Schale. Nun hält man die Wurzeln in das Loch. Sie müssen locker herunter hängen. Dann drückt man behutsam die Erde an. Wichtig ist, dass der Sämling genauso tief in der Erde sitzt wie zuvor. Anschließend angießen.

Auf dem Arbeitstisch im Gartenzimmer liegen alle Untensilien zur Aussaat bereit. Mit hochwertigen Geräten macht die Arbeit viel Spaß.

Aussaat von Zweijährigen

Samen sammeln
Zweijährige Gartenblumen blühen im späten Frühling oder zeitigen Sommer. Die Samen reifen rasch. Zu diesen Pflanzen zählen Vergissmeinnicht (*Myosotis sylvatica*), Fingerhut (*Digitalis purpurea*), Bartnelken (*Dianthus barbatus*) und Muskatellersalbei (*Salvia sclarea*), der rechts im Bild zu sehen ist. Da die Samen leicht ausfallen, stülpt man eine Tüte über den Fruchtstand, bindet sie zu und schneidet den Stängel ab.

Samen putzen
Bevor man die Tüten öffnet, schüttelt man die Stiele, so dass viele Samen in die Tüte fallen. Über einer ausgefalteten Zeitung öffnet man die Tüte und trennt die Samenkörner von der Spreu. Das geht ganz leicht, wenn man die Samen aus der Hand rieseln lässt und vorsichtig die feinen Spelzen wegbläst. Man bekommt schnell ein Gefühl dafür. Einige Samen kann man für das nächste Jahr aufbewahren.

Aussaat in Einzeltöpfe
Wenn man Torftöpfe verwendet, kann man sich das spätere Pikieren sparen. Die Gefäße werden mit Anzuchterde gefüllt. Damit sich die Erde setzt, stößt man die Töpfe einmal auf und füllt noch etwas Substrat nach. Um sicher zu gehen, dass in jedem Topf eine Pflanze heranwächst, legt man drei bis fünf Samenkörner auf die Erde.

Angießen und Beschriften
Nun werden die Töpfe etikettiert und mit einem Sprüher wird die Erde befeuchtet. Am besten versenkt man die Töpfe im schattigen Frühbeetkasten. Innerhalb von wenigen Wochen keimen die Samen und es entwickeln sich zarte Rosetten. Die beiden stärksten lässt man stehen, die schwächeren entfernt man.

Rasche Entwicklung
Im Spätsommer bereits sind die Töpfe gut durchwurzelt. Die Topfwände sind kräftig von dem Wurzelwerk umsponnen und zahlreiche weiße Wurzelspitzen deuten auf die enorme Wuchskraft hin. Nun wird es Zeit, die Zweijahresblumen an Ort und Stelle zu setzen, damit sie vor dem Winter einwurzeln und im nächsten Jahr schon in die Höhe schießen.

Einpflanzen
Die Erde wird mit dem Handspaten gelockert. Man kann etwas reife Komposterde als Bodenverbesserer hinzufügen. Im Herbst sollte kein Dünger mehr gegeben werden, da die Pflanzen sonst weiterwachsen und sich nicht auf den Winter einstellen. Nun setzt man die Pflanze in das Pflanzloch, füllt die Erde auf und drückt den Muskatellersalbei an. Im zeitigen Frühjahr streut man rund um die Pflanze Dünger als Starthilfe.

Die Entwicklung der Pflanzen von der Aussaat bis zum ausgepflanzten Exemplar mit einem kräftigen, reichverzweigten Wurzelballen.

Kürbiskerne müssen gründlich geputzt werden, damit sie frei von Fruchtfleisch sind. Auf einem Sieb trocknen die gewaschenen Kerne, bevor man sie in Tüten abfüllt.

Überzählige Samen werden in Tütchen gefüllt, so dass man sie Gartenbesuchern als kleines Souvenir mitgeben kann. Wichtig ist eine dunkle, trockene Lagerung bis zur Aussaat im Frühjahr.

Stecklingsvermehrung bei Lavendel

Schneiden

Stecklinge von Lavendel (*Lavandula angustifolia*) schneidet man im späten Frühling. Die Sträucher sind frisch durchgetrieben, haben aber noch keine Blüten angesetzt. Die Triebe dürfen nicht zu frisch und weich und sollten auch noch nicht verholzt sein. Nun schneidet man die Spitzen etwa fünf bis sechs Zentimeter lang ab. Dazu kann man zunächst eine normale Rosenschere nehmen. Schneidet man mehrere Stecklinge gleichzeitig, macht es Sinn, sich einen Korb mit einigen Plastiktüten mitzunehmen, damit die Stecklinge nicht in der Sonne trocken werden. Zugleich kann man verschiedene Pflanzenarten voneinander trennen.

Stecken

Nun können die Triebe gesteckt werden. Dabei wird der Stiel bis in den Bereich der Blätter in die Erde gesteckt. Mit Daumen und Zeigefinger drückt man die Erde seitlich fest, so dass der Steckling sicher in der Erde steckt. Mit einem Sprüher werden die Stecklinge eingenebelt. Es ist von Vorteil ein weiches, kalkfreies Wasser zu verwenden. Anderenfalls bilden sich auf den Blättern Kalkränder, die wie ein Filter verhindern, dass die Blätter reichlich Licht bekommen und der Stoffwechsel optimal funktioniert. Die Schalen versieht man mit einem Etikett, auf dem der Name der Pflanze und das Datum der Vermehrung festgehalten werden.

Vorbereiten

Am Arbeitstisch sollte man bereits einige Vorbereitungen getroffen haben: Man braucht einige flache Schalen, die mit einem lockeren Anzuchtsubstrat gefüllt sind. Damit das Substrat in den Sommermonaten besser die Feuchtigkeit speichern kann, mischt man etwas Tongranulat unter. Die gefüllten Gefäße werden einmal gut angegossen, so dass die Erde feucht ist. Die Stecklinge müssen nun noch vorbereitet werden. Man zupft vorsichtig die unteren Blättchen ab und schneidet die Stecklinge mit einem scharfen Messer nochmals frisch an.

Gießen und Abdecken

Nun deckt man die Schalen mit einer klaren Plastikhaube ab. So bleibt die Luftfeuchtigkeit hoch und es entsteht ein Klima, in dem die Pflanzen rasch Wurzeln bilden. Die Feuchtigkeit der Erde wird regelmäßig geprüft. Bei Trockenheit befeuchtet man Steckling und Erde kräftig. Nach etwa drei Wochen beginnt die Wurzelbildung. Man prüft sie, indem man versucht die Stecklinge aus der Erde zu ziehen. Spürt man einen Widerstand, dann geben Wurzeln den Jungpflanzen bereits Halt. Wenn das Längenwachstum einsetzt, kann man die Stecklinge einzeln in Töpfe setzen, damit sie einen kräftigen Ballen bilden.

Blumenzwiebeln im Cottage-Garten

Die Blütenvielfalt des ländlichen Gartens wird von den Blumenzwiebeln geprägt. Allerdings kann man die Pflanzen hinsichtlich der Pflege nicht „in einen Topf werfen“. Die Arten unterscheiden sich nach der Blütezeit im Frühling und Herbst. Außerdem gibt es die nicht winterharten Blumenzwiebeln, wie die Gladiolen (*Gladiolus*-Hybride) und Dahlien (*Dahlia*-Hybride).

Die Unterschiede liegen vor allem im Pflanzzeitpunkt. Frühlingsblüher wie Tulpe (*Tulipa*-Hybride), Hyazinthe (*Hyacinthus orientalis*), Blausternchen (*Scilla bifolia*) und Schneeglöckchen (*Galanthus nivalis*) werden im Herbst in die Erde gebracht. Die losen Zwiebeln bekommt man ab September in jedem Gartencenter. Man sollte möglichst früh zugreifen, denn längere Lagerzeiten schaden den Zwiebeln. Man setzt sie in die Erde. Auf dem Lande kann es hin und wieder vorkommen, dass Wühlmäuse sich an den fleischigen Speicherorganen satt fressen. Leider gibt es nur wenige Möglichkeiten die Nager auszutricksen. Manchmal verhindert man den Verlust, indem man die Zwiebeln in Gruppen setzt und das Pflanzloch mit sehr engmaschigem Hasendraht ausschlägt. Dieser sollte bis an die Erdoberfläche hochgeschlagen werden, damit die Wühlmäuse nicht seitlich an die Frühlingsblüher gelangen. Relativ sicher ist auch der Tipp, vorzugsweise Narzissen (*Narcissus*-Hybride) zu pflanzen, weil diese giftig sind. Die stinkenden Zwiebeln von Kaiserkronen (*Fritillaria imperialis*) haben dagegen nur eine mäßig abschreckende Wirkung.

Die richtige Pflanztiefe hängt von der Größe der Zwiebel ab. Als Faustformel gilt: Die Zwiebeln müssen gut doppelt so tief in die Erde gelegt werden wie sie hoch sind. Dabei muss immer ihre flache Seite auf den Grund des Pflanzlochs gelegt werden. Achten Sie darauf, dass die Zwiebeln ohne Hohlraum direkt auf der Erde liegen, sonst entsteht Fäulnis.

Im Grunde kann man die Frühlingsblüher nun getrost vergessen, bis sie im Frühling ihre grünen Nasen aus der Erde stecken. Zur Blüte düngt man sie etwas, damit sie Kraft für eine neue Blütenanlage schöpfen können. Schließlich ziehen die Blätter noch vor dem Sommeranfang wieder ein. Allerdings sollte man hier nicht eingreifen und das Laub voreilig abschneiden. Man wartet, bis die Blätter gelb geworden sind und sich leicht aus der Erde ziehen lassen. Stören die Blattschöpfe zwischen treibenden Stauden, so kann man sie locker zu Zöpfen zusammenflechten. Das ergibt einen witzigen Blickfang im Beet. Ideal ist es, beim Pflanzen auf einen guten Platz zu achten. Wenn die Frühlingsblüher hinter höhere Staudenhorste gesetzt werden, überwachsen die frischen Triebe das einziehende Laub, und es verschwindet automatisch aus dem Blickfeld. Die herbstblühenden Zwiebelblumen, zu denen Herbstzeitlose (*Colchicum autumnale*), Goldkrokus (*Sternbergia lutea*) und diverse Krokusarten wie der Safrankrokus (*Crocus sativa*) zählen, werden im Hochsommer in die Erde gepflanzt. Sie erwachen von allein aus der Ruhephase, sowie sie mit Erde und Feuchtigkeit in Berührung kommen.

Die nicht winterharten Sommerblüher kommen im April in die Erde. Wer Dahlien (*Dahlia*-Hybride) etwas verfrühen möchte, der kann die Knollen bereits Ende März in große Töpfe pflanzen. Sie werden so aufgestellt, dass sie nachts bei Frost keinen Schaden nehmen. Ein Gewächshaus leistet hier gute Dienste. Bei milder Witterung reicht es aus, am Abend einen Karton über die Töpfe zu stülpen. Die Knollen treiben in der Regel rasch und bilden innerhalb von wenigen Wochen kräftige Horste. Nährstoffgaben fördern das Wachstum, allerdings muss man bei Dahlien wissen, dass eine stickstoffbetonte Düngung lediglich die Knollen wachsen lässt. Die Pflanzen blühen nur schwach. Also sollte man darauf achten, dass genügend Phosphor gegeben wird. Zeigt diese Maßnahme keine Wirkung, dann lässt man die Pflanzen etwas hungern. Buschige Pflanzen müssen frühzeitig angebunden werden und auch die eintriebigen Gladiolen werden mit Bambusstäben stabilisiert, wenn man dieses für nötig hält. Setzt man größere Stückzahlen, so sollte man sich die Mühe sparen. Eine gewisse Lockerheit und Freiheit kann auch eine Bereicherung für die Blumenbeete sein, wie zum Beispiel das Bild auf Seite 47 aus dem Garten von Claude Monet in Giverny zeigt.

Im Herbst müssen die Knollen vor den ersten Nachtfrösten ausgegraben werden. Hierfür nutzt man eine warme Phase im Altweibersommer. Jetzt gräbt man Dahlien und Co. aus und legt die Pflanzen für zwei bis drei Tage in die Sonne. Wichtig ist, dass man die Blütenfarben beziehungsweise Sortennamen auf ein Etikett schreibt und dieses direkt an der Pflanze festdrahtet, damit man weiß, welche Knolle im Frühjahr zu welchen Stauden am besten passt. Nun kann das Erdreich an der frischen Luft abtrocknen, und man kann es leicht abschütteln. Die Triebe trocknen ein und können abgeschnitten werden. Beschädigte oder alte Knollen werden entfernt. Gladiolen bindet man nun zusammen. Das Grün kann man zu einem Zopf zusammen flechten. Dahlien werden in Kisten geschichtet, die mit feuchtem Torf oder Holzspäne gefüllt sind. Die Knollen dürfen nicht austrocknen. Beides wird in einem kühlen, dunklen Keller gelagert. Die Dahlien sollten gelegentlich gegossen werden. Ab und an kontrolliert man auch, ob sich Fäulnisnester gebildet haben. Befallene Knollen werden aussortiert und weggeworfen.

Die Pflanzflächen werden mit Sand markiert.

Die Töpfe werden vor der Pflanzung gründlich gewässert.

Stauden-Pflanzung

Die Staudenrabatten müssen vor der Bepflanzung vorbereitet werden. Dazu gehört es, dass man Unkräuter, insbesondere Winden, Giersch und Quecke, die sich über ihr Wurzelwerk lästig ausbreiten, entfernt. Auch größere Steine werden aus der Erde gesammelt. Stark verdichtete Böden lockert man durch das Umgraben mit der Grabegabel. Lehmige Böden vertragen etwas Sand um die Korngrößen besser zu durchmischen. Grundsätzlich sollte man reife Komposterde einarbeiten um das Bodenleben anzuregen.

Nun geht es darum die Pflanzen zu verteilen. Dazu nimmt man die Skizze des Pflanzplanes und überträgt die Strukturen auf den glatt gerechten Boden, indem man die einzelnen Felder mit Sand oder Sägespänen abstreut. Mit einem Maßband überprüft man immer wieder, ob die Größenverhältnisse zwischen Plan und Beet stimmen. Währenddessen stellt man die Stauden in Wannen und Eimer mit Wasser. So können sich die Wurzelballen nochmals kräftig mit Wasser voll saugen. Anschließend verteilt man die Töpfe auf dem Beet. Dabei ist es wichtig, dass man die Pflanzabstände nicht zu gering wählt. Zwar sieht das Beet so in den ersten zwei Jahren etwas mager aus, aber die Pflanzen können sich getrost ausbreiten. Zu enge Pflanzabstände haben zur Folge, dass man schon nach zwei Jahren die ersten Pflanzen aufnehmen und teilen muss. Da ist es besser, man schließt allzu große Lücken, indem man sie mit Sommerblumen bepflanzt.

Vor dem Setzen müssen die Pflanzen ausgetopft werden. Der Plastikcontainer wird vorsichtig von dem Ballen gestreift. Sollten die Wurzeln durch die Löcher im Boden des Topfes gewachsen sein, schneidet man das Gefäß seitlich auf. Zum Pflanzen legt man ein Schalbrett über das Beet, sonst tritt man die frisch gelockerte Erde gleich wieder fest. Die fertige Pflanzung wird kräftig angegossen und anschließend füllt man die Zwischenräume mit Mulch. So verhindert man, dass sich Unkräuter in den Lücken breit machen.

Große Funkienhorste (Hosta) können mit dem Spaten im Frühjahr geteilt werden.

Stauden-Teilung

Das Wachstum von mehrjährigen, krautigen Gartenblumen führt in den meisten Fällen dazu, dass sich die Horste in die Breite entwickeln. Vielfach bewegen sie sich regelrecht und wachsen nach außen. Die Mitte wird lückig und verkahlt. Der Fachmann spricht von der Tonsurbildung, weil die frisch treibenden Horste an die Mönchsfrisuren erinnern. Nun kann und sollte man dieser Entwicklung vorbeugen, indem man Kompost auf die Horste streut. Das Problem entsteht nämlich dadurch, dass die Mitte schlecht mit Nährstoffen versorgt wird. Zunächst wachsen die Triebe in die Höhe, meist scheint keine Erde mehr auf den Wurzeln und Trieben zu liegen, später stirbt die Mitte ab. An den Rändern stehen viel mehr Nährstoffe zur Verfügung. Diese Chance lassen die Pflanzen nicht ungenutzt. Streut man auf die Mitte Kompost, stehen hier auch wieder genügend Nährstoffe zur Verfügung und die Mitte bleibt vital. Dieses so genannte Humusieren hilft aber auch nur ein paar Jahre – und auch nicht bei allen Stauden. Kissenprimeln (*Primula vulgaris*), die blühfaul werden, müssen geteilt werden. Ebenso macht es Sinn, die Horste von Herbstastern (*Aster novi-belgii, A. novae-angliae*), Funkien (*Hosta*-Hybriden), Phlox (*Phlox paniculata*), Taglilien (*Hemerocallis*-Hybriden) und vielen anderen Stauden mit ähnlichem Wuchs gelegentlich mit der Grabegabel aufzunehmen und mit dem Spaten in mehrere Teilstücke zu teilen. Dies geht ganz leicht und die Pflanzen wachsen schnell wieder ein. Der Eingriff bringt Luft ins Beet und fällt nur wenig auf.

Ein guter Zeitpunkt für die Teilung ist in der Regel das Frühjahr. Allerdings sollte man die Horste, die man teilen will, schon im Spätsommer und Herbst markieren. Im Frühling darf man nicht zu lange warten: Je länger die Triebe sind, desto leichter brechen sie ab. Zugleich sehen die frisch treibenden Stauden noch nicht sehr typisch aus, so dass man manche Schönheit nicht erkennt. Natürlich kann man den Eingriff schon im Herbst machen. Der Termin sollte aber nicht in den November hinausgezögert werden. Schließlich müssen die Pflanzen noch einwurzeln. Stauden wie Pfingstrosen (*Paeonia*-Hybride) und Lenzrosen (*Helleborus-orientalis*-Hybride) können über viele Jahre hinweg an einer Stelle stehen, ohne dass man sie teilt.

Eine Ausnahme hinsichtlich des Zeitpunkts machen die Schwertlilien (*Iris germanica*-Hybride). Sie blühen im Juli und gleich anschließend gehen sie in eine Ruhephase über. Dies ist der richtige Zeitpunkt, die Pflanzen aufzunehmen und sie zu teilen. Iris-Rhizome wandern stetig nach außen und so vergreisen die Horste mit der Zeit. Mit einem scharfen Messer werden die alten Rhizomteile abgeschnitten und stark verzweigte Pflanzen geteilt. Gleich anschließend werden sie wieder gepflanzt. Dabei sollte man darauf achten, dass die Rhizome auf einen kleinen Hügel gesetzt werden. So trocknet das Erdreich um die Rhizome immer wieder rasch ab und Fäulnis stellt keine Gefahr dar. Die länglichen Knollen sollten auch nur zur Hälfte in der Erde versenkt werden. Ab September beginnt das Wurzelwachstum, so dass die Pflanzen bis zum Winter wieder Halt haben und im nächsten Sommer vital blühen.

Bodendecker bilden, wie der Name sagt, flache Decken, die sich ähnlich wie die Horste ausbreiten. In den Anfangsjahren ist dies erwünscht, später kommt das Wachstum in der Mitte zum Stillstand, weil die Fläche geschlossen ist. An den Rändern ist der Ausbreitungsdrang immer noch ungebremst. Dieses üppige Wachstum kann man eindämmen, indem man die Ränder hin und wieder mit dem Spaten absticht.

Bei all diesen Arbeiten fallen Pflanzen ab, die natürlich viel zu schade für den Kompost sind. Man kann mit ihnen neue Beete anlegen, Lücken füllen, sie in ein „Vorratsbeet“ pflanzen oder eintopfen. So hat man Material zum Ausbessern, kann Gartenfreunden etwas Schönes mitbringen oder sich mit anderen Country-Gärtnern austauschen.

Lenzrosen pflanzen

Den Standort auswählen

Die Lenzrosen (*Helleborus*) bilden wunderschöne Horste, die schon im zeitigen Frühjahr blühen. Sie gedeihen gut im Halbschatten oder Schatten in einem humusreichen Boden. Der Standort sollte so gewählt werden, dass man die Pflanzen vom Gartenweg gut sehen kann, denn die Blüten sind eine Augenweide, insbesondere die gefleckten Typen.

Pflanzloch ausheben

Mit dem Spaten wird ein tiefes Pflanzloch ausgehoben. Testweise hält man die Pflanze hinein, um zu kontrollieren, ob die Tiefe ausreicht. Wenn das Maß passt, lockert man mit dem Spatenblatt den Grund des Pflanzlochs.

Erde mit Kompost vermischen

Dazu füllt man Kompost in das Pflanzloch und vermischt ihn mit dem anstehenden Boden. Das bringt Nährstoffe ins Erdreich und liefert wertvollen Humus, der eine nachhaltige Lockerung bewirkt.

Kalk einbringen

Lenzrosen benötigen Kalk, um sich gut ausbreiten zu können. Daher streut man ihn in das Pflanzloch und mischt ihn unter. Wer etwas feinen Mörtel hat, kann auch davon eine Schaufel in den Aushub mischen. Anschließend wird die Lenzrose eingepflanzt und gut angegossen.

Alte Blätter entfernen

Lenzrosen werden häufig von der Schwarzfleckenkrankheit beifallen. Um diesem Pilz vorzubeugen, schneidet man alle alten Blätter bis zum Boden ab. So treiben die neuen Blätter bald nach der Blüte gesund durch und die Gefahr eines Befalls ist gebannt. Die alten Blätter sollten nicht auf den Kompost geworfen werden.

Waldreben pflanzen

Das Pflanzloch

Hat man sich für eine geeignete Pflanzstelle im Beet entschieden, hebt man mit dem Spaten ein tiefes Loch aus. Es sollte mindestens doppelt so tief sein, wie der Ballen der Waldrebe hoch ist. Dieses ist sehr wichtig, damit die Pflanze tief genug eingesetzt werden kann. Bei trockener Witterung füllt man das Pflanzloch ein bis zwei Mal vollständig mit Wasser und wartet, bis dieses versickert ist.

Die Pflanztiefe

Die Waldrebe wird nun ausgetopft. Der Ballen wird leicht schräg zur Rankhilfe in das Pflanzloch gelegt. Dabei darf die Pflanze bis zu einer Handbreite tiefer im Boden sitzen als zuvor. So bildet sie einen kräftigeren Wurzelkörper.

Die Drainage

Nun gibt man auf den Boden des Pflanzlochs eine Schicht aus grobem Sand. Er dient als Drainageschicht, die dafür sorgt, dass Wasser gut und rasch abfließt. Auf schweren Böden kann es sonst zu Staunässe kommen. Sie behindert das Wachstum der Wurzeln.

Der Aushub

Die Erdmischung wird angefüllt und mit den Händen kräftig angedrückt, damit sich der Boden etwas setzt. Man kann auch einen kleinen Wall bilden, sodass das Gießwasser direkt nach unten versickert.

Die Bodenverbesserer

Nun nimmt man ein paar Schaufeln des Aushubs und eine entsprechende Menge reife Komposterde und mischt beides mit der Handschaufel in einem Eimer durch. Davon gibt man etwas auf den Sand.

Das Wässern

Anschließend wird kräftig gegossen. Im ersten Herbst schneidet man die Triebe auf etwa einen Meter zurück und legt sie spiralförmig auf die Erde. Mit etwas Humus wird alles abgedeckt. Im Frühjahr stellt sich dieses Triebwerk auf eigene Wurzeln und treibt kräftig durch. Diese Methode kräftigt die Pflanzen und beugt der weit verbreiteten Welkekrankheit bei Waldreben vor.

Rosenpflege

Rosen bilden im ländlichen Garten einen Höhepunkt. Es sind edle Schmuckstücke, die eine gute Pflege brauchen, damit sie üppig blühen und gesund wachsen. Die Grundlage hierfür besteht in einem gesunden, nahrhaften Boden. Schon bei der Pflanzung legt man viel Wert darauf, dass der Boden an der Pflanzstelle tiefgründig gelockert wird. Man vermengt den Aushub mit gut abgelagertem Kompost, um die Bodenstruktur zu verbessern. Diese Bodenpflege sollte man sich zum Prinzip machen. Im Herbst müssen die Rosen ohnehin angehäufelt werden. Da arbeitet man gleichzeitig viel Kompost in den Oberboden ein. Sehr lockere Böden können mit Gesteinsmehl dahingehend verbessert werden, dass Wasser besser gehalten werden kann. Im Frühjahr beim Abhäufeln gibt man organischen Dünger an die Pflanzen. Die ausgewogene und gesunde Ernährung bildet die Basis für widerstandsfähige, üppig wachsende Rosen. Das sollte man bis August im Hinterkopf behalten. Während der Blüte verbrauchen die Pflanzen sehr viel Kraft. Nährstoffe werden mit einer zweiten Düngergabe im Juni nochmals zugeführt. So verausgaben sich die Pflanzen nicht zu sehr. Ab August darf nicht mehr gedüngt werden, da sonst das Holz nicht ausreift und den Frösten nur mäßig gut trotzen kann.

Gesunde Rosen sind das Ziel eines jeden Gärtners, der Weg dorthin ist jedoch beschwerlich, zumal jede Sorte unterschiedlich auf einen Krankheitsbefall reagiert. Zu den Lästlingen zählen die Läuse, die besonders zur Blütezeit ein Ärgernis sind. Lavendelpflanzen als Begleiter und Knoblauchaufgüsse sind eine biologische Abwehr, die gut funktioniert. Ein Rosenpflaster aus dem Fachhandel zählt zu den chemischen, aber sehr wirksamen Bekämpfungsmethoden. Die Pflaster werden an der Basis der Triebe befestigt. Über die Rinde und die Leitungsbahnen wird der Wirkstoff verteilt und die Läuse werden vertrieben. Die größeren Probleme verursachen jedoch Sternrußtau und Rosenrost. Diese Pilzkrankheiten befallen das Laub. Die Blätter sterben ab und kahle Rosen stehen im Beet. Der unschöne Anblick stellt das geringere Problem dar, schwerwiegender ist, dass die Pflanzen ohne Blätter keine Energie gewinnen können und das Wachstum zum Erliegen kommt. Entdeckt man die Pusteln und Flecken, die typisch sind für die Pilze, ist es schon zu spät. Um dem entgegen zu wirken sollte man während des Austriebs die Rosen mit Auszügen von Schachtelhalm und Brennnessel sprühen, um die Abwehrkräfte zu stärken. Befallenes Laub muss sauber abgesammelt werden, insbesondere im Herbst, damit die Sporen nicht im Boden überdauern und den Neuaustrieb im Frühjahr befallen.

Mehrmals blühende Kletterrosen werden im Frühling ausgelichtet.

Der Schnitt von Rosen will gelernt sein. Bis auf die Rankrosen schneidet man Rosen im Herbst und Frühjahr. Zum Ende der Saison werden die langtriebigen Strauchrosen etwas eingekürzt, damit die Büsche nicht vom Schnee auseinandergedrückt werden. Im Frühjahr geht es an den Feinputz. Jetzt werden die Triebe kräftig eingekürzt. Man schneidet immer leicht schräg und einige Millimeter über einem Auge. Alte, knorrige Äste werden an der Basis entfernt. So regt man den Neuaustrieb an. Rankrosen werden direkt nach der Blüte zurückgeschnitten, damit sich wieder ein üppiger Busch entwickeln kann mit zahlreichen Blütentrieben. Gleichzeitig gehört es im Sommer zu den Aufgaben, welke Blütenstände zu entfernen. Ausnahme sind die Arten beziehungsweise Sorten, die Hagebutten bilden.

Will man Rosen umpflanzen, so ist das kein Problem. Man muss nur wissen, dass Rosen nie dort gepflanzt werden dürfen, wo zuvor eine Rose oder ein Rosengewächs gestanden hat. Die neuen Pflanzen würden nicht richtig wachsen. Grund hierfür ist die Bodenmüdigkeit. Will man dieses Problem umgehen, muss das Erdreich großzügig und tiefgründig ausgetauscht werden.

Rückschnitt des Frauenmantels
Wenn der Frauenmantel (*Alchemilla mollis*) Anfang Juli verblüht ist, sehen seine Horste recht ungepflegt aus. Man braucht sich nicht die Mühe zu machen, die Blütenstiele einzeln auszuschneiden, sondern kürzt mit einer Rosenschere Blätter und Blütentriebe auf etwa fünf Zentimeter Länge ein. Hat man eine größere Fläche mit Frauenmantel bepflanzt, kann man sogar den Rasentrimmer zu Hilfe nehmen. Nun gibt man etwas abgelagerten Kompost auf die Horste und schon nach ein paar Tagen sieht man, dass sie prachtvoll durchtreiben. Auch Polster von Storchschnabel (*Geranium*) kann man in der beschriebenen Art und Weise auffrischen.

Rückschnitt bei Rittersporn
Wenn der Rittersporn (*Delphinium*) verblüht ist, sollte er zurückgeschnitten werden. Das regt die Pflanzen an, nochmals aus dem Wurzelstock durchzutreiben und im Spätsommer ein zweites Mal zu blühen. Die Stängel werden dicht über dem Boden abgeschnitten. Nun wässert man die Pflanzen regelmäßig und verwöhnt sie mit Dünger. Rasch zeigen sich die ersten grünen Blättchen, die man gut vor Schnecken schützen sollte. Innerhalb von wenigen Wochen bauen sich neue Blütenrispen auf und das strahlende Blau verzaubert den Garten nochmals – meist ein wenig spärlicher. Dieses Verhalten nennt man remontieren. Es ist auch für Feinstrahl (*Erigeron*) und Sommersalbei (*Salvia nemorosa*) typisch.

Storchschnabel verjüngen
Nach vier bis fünf Jahren wird der Storchschnabel unansehnlich, weil die Horste zu dicht stehen und die alten Sprossen aus der Erde wachsen. Mit der Grabegabel nimmt man die Pflanzen auf und teilt sie. Anschließend kann man sie wieder an die gleiche Stelle pflanzen. Ein ausreichender Abstand sollte gelassen werden. Außerdem sollten die Pflanzen möglichst tief einpflanzt werden. Damit man diese Verjüngung nicht allzu häufig durchführen muss, verteilt man auf den Horsten im Herbst eine dicke Schicht mit Kompost. So wachsen die Triebe nicht aus der Erde.

Der Trick für mehr Standfestigkeit
Feste Stiele und ein gerader Wuchs sind die Grundlage für einen stabilen Horst. Beides ist allerdings nicht von Natur aus bei allen Pflanzen gegeben. Es gibt aber einen Trick, der sich bei Sonnenauge (*Heliopsis*) und Zwergsonnenblume (*Helianthella*) gut anwenden lässt. Wenn die Horste im Frühling in die Höhe schießen, entspitzt man alle Triebe. Der untere Teil wird schneller fest von der Substanz und nach oben verzweigt der Horst. Zwar verzögert sich so die Blütezeit um etwa zwei Wochen, aber gleichzeitig werden die Blüten zahlreicher.

Herbstlaub aus dem Teich fischen

Wenn im Herbst die Blätter von den Bäumen fallen, sollte man das Augenmerk auf den Gartenteich richten. Fallen die Blätter ins Wasser, können sie nicht verrotten. Da die Luft fehlt, faulen sie. Es bilden sich stinkende Gase. Außerdem steigt der Nährstoffgehalt des Wassers stark an. Zunächst bereitet das keine sichtbaren Probleme. Wenn aber im Frühsommer die Temperaturen steigen, wird man ein kräftiges Algenwachstum feststellen. Also nimmt man im Herbst den Käscher und fischt das heruntergefallene Laub aus dem Wasser. Ist der Teich nicht sehr groß, kann man auch ein Netz über die Oberfläche legen und es gelegentlich entleeren.

Winterschutz bei hohen Buschmalven

Die hohen Buschmalven (*Lavatera olbia*) zählen zu den Stauden und doch können ihr kalte Winter zusetzen. Vor allem die Feuchtigkeit kann Fäulnis an der Basis fördern. Daher nimmt man eine große Bahn Vlies und wickelt sie um die gesamte Pflanze. Bei sehr großen Exemplaren kann man die Triebe etwas einkürzen. Das Vlies hält die Luftfeuchtigkeit und garantiert einen regen Gasaustausch. Im April wird der Winterschutz entfernt und die Pflanze wird so eingekürzt, dass sich ein ansehnlicher Busch rasch wieder aufbaut. Spätfröste stellen keine große Gefahr dar.

Nicht winterharte Schwimmpflanzen aus dem Teich nehmen

Nicht alle Wasserpflanzen, die man im Frühsommer in den Teich gesetzt hat, sind in unseren Breiten winterhart. Daher werden diese Pflanzen im Herbst aus dem Wasser genommen. Man füllt einen Eimer mit Teichwasser und setzt die Pflanzen hinein. An einem frostfreien, dunklen Ort kann man die Gefäße überwintern. Natürlich muss man immer mal den Wasserstand kontrollieren, denn je nach Luftfeuchtigkeit im Winterquartier verdunstet das Wasser und die Wasserpflanzen stehen auf dem Trockenen. Zu den nicht winterharten Arten zählen Wasserhyazinthe (*Eichhornia crassipes*) und Wassersalat (*Pistia stratiotes*).

Winterschutz bei Pampasgras

Gräser schützen sich im Winter am besten selbst, daher sollte man die malerischen Blattschöpfe im Herbst keinesfalls abschneiden. Die Büschel schützen vor allem das Herz der mehrjährigen Schönheiten. Beim Pampasgras (*Cortaderia selloana*) bereitet jedoch die kalte Nässe Probleme und fördert Bakterien, die das Herz der mannshohen Gräser faulen lassen. Daher bindet man die langen Mähnen der Blätter dicht zusammen. So entstehen malerische Skulpturen, die in den Wintermonaten Aufsehen erregen, wie auch das große Bild rechts zeigt.

Im Morgengrauen wirken die zusammengeschnürten Bündel des Pampasgrases (Cortaderia selloana) wie skurrile Skulpturen.

Stauden:
Arends Maubach
Monschaustraße 76
42369 Wuppertal

Gartenlust
Altemühle 1
58553 Halver

Staudengärtnerei Dieter Gaißmayer
Bioland-Gärtnerei
Jungviehweide 3
89257 Illertissen

Staudengärtnerei
Gräfin von Zeppelin
79295 Sulzburg-Laufen

Blumenschule Engler
Augsburger Straße 62
86956 Schongau

Elfenblume
Margret Jambroszyk
Am Sportplatz 99
27305 Engeln

Rosen:
Rosenhof Schultheis
Bad Nauheimer Straße 3-7
61231 Bad Nauheim-Steinfurth

Lacon GmbH
J.-S.-Piazolo-Straße 4a
68766 Hockenheim

Rosengärtnerei Kalbus
Hagenhausener Hauptstraße 112
90518 Altdorf-Hagenhausen

Historische Rosengärten
Güttinger Landstraße 75
30966 Hemmingen

Noack Rosen
Im Fenne 54
33334 Gütersloh

Zwiebelblumen:
Hoch Albrecht
Potsdamer Str. 40
14163 Berlin

Sommerblumen:
Thompson & Morgan Ltd.
Postfach 1069
22784 Hamburg

Accessoires & Werkzeug:
Gartenbedarf-Versand Richard Ward
Günztalstraße 22
87733 Markt Rettenbach

Hesperiden GmbH
In der Schmalau 4
90427 Nürnberg

Country Garden Versand GmbH
Nagolder Straße 23
72119 Ammerbuch

Die Gartengalerie
Wössinger Straße 15
75045 Walzbachtal

Literatur:

Rosa Wolf
„Gartenpflanzen Praxis-Handbuch“
BLV-Verlag München

John Brookes, Dorling Kindersley
„Die Kunst der Gartengestaltung“
Starnberg

Rosemary Verey, Tony Lord
„Mein Traumgarten entsteht“
Christian Verlag, München

Dorothée Waechter
„Romantische Blumengärten“
BLV-Verlag, München

Christopher Lloyd, Richard Bird
„Der Cottage-Garten“
Dorling Kindersley Verlag, Starnberg

Gartenliste

Arboretum Ellerhoop (D)
Staudengärtnerei Arends Maubach (D)
Berggarten Hannover (D)
Privatgarten Lucenz/Bender (D)
Beth Chatto Gardens (GB)
Borde Hill Gardens (GB)
Privatgarten Broekart (B)
Jardin Claude Monet (F)
Privatgarten Cowley (GB)
De Boschhoeve (NL)
De kleine Plantage (NL)
Die Gartengalerie (D)
Elfenblume (D)
Privatgarten Gemeren (NL)
Gartenlust (D)
Privatgarten de Groot-Vink (NL)
Privatgarten Hereman (B)
Hermannshof (D)
Privatgarten Hedderich (D)
High Beeches Gardens (GB)
Historische Rosengärten (D)
Privatgarten Jahnke (D)
Privatgarten Janssen/van de Kraan (NL)
Gärtnerei Joosten (NL)
Kreislehrgarten Steinfurt (D)
Privatgarten Langendijk (NL)
Leonardslee Gardens (GB)
Privatgarten Mallet (F)
Privatgarten Mart (D)
Les Moutiers (F)
Le Vasterival (F)
Privatgarten Lückenga (D)
Miromesnil (F)
Privatgarten Majowski (D)
Gärtnerei Piet Oudolf (NL)
Gärtnerei Overhagen (NL)
Parc Floral d'Aprémont (F)
Paradise Centre Nursery (GB)
Parham House and Gardens (GB)
Privatgarten Pauwels (B)
Privatgarten Schiwek (D)
Privatgarten Schulze (D)
Privatgarten Schnitzke-Spijker (D)
Privatgarten Uter (D)
Privatgarten Veldkamp (NL)
Privatgarten P. J. Weigel (D)
Westfalenpark Dortmund (D)

Für Peter

Elke Borkowski

Weitere Gartenbücher des Becker Joest Volk Verlags und des Gartenfotografen Jürgen Becker

Prachtvolle Nutz- und Bauerngärten
163 Seiten mit ca. 220 Farbabbildungen
mit Pflanztabellen, Tipps und Adressen
Format 30 x 24 cm
Euro 29,90 (D) / 31,90 (A) / sFR 49,90 (CH)
ISBN 3-9808977-0-2
Text Wolfgang Hensel, Fotografie Jürgen Becker
BJV Verlag, Oktober 2003

Ein Garten fürs Leben
Mit Klaus Bender und Manfred Lucenz durch das Gartenjahr
168 Seiten mit ca. 160 Farbabbildungen
Format 23, 8 x 28 cm
gebunden mit Schutzumschlag
Euro 29,90 (D) / 31,-(A) / sFr 50,- (CH)
ISBN 3-9808977-3-7
Text Klaus Bender und Manfred Lucenz
Fotografie Jürgen Becker
Neuauflage BJV Verlag, März 2004

Garten-Highlights (siehe rechte Seite)
163 Seiten mit ca. 200 Farbabbildungen
mit Pflanztabellen, Tipps und Adressen
Format 29,7 x 23,5 cm
ca. Euro 29,90 (D) / 31,90 (A) / sFr 49,90 (CH)
ISBN 3-9808977-2-9
Text Wolfgang Hensel, Fotografie Jürgen Becker
BJV Verlag, März 2004

Gärten im Winter
136 Seiten mit ca. 140 Farbabbildungen
inkl. 16 Seiten Service-Teil mit
Pflanztabellen, Tipps und Adressen
Format 20,5 x 25,5 cm
gebunden mit Schutzumschlag
Euro 29,90 (D) / 30,80 (A) / sFr 52,- (CH)
ISBN 3-421-03428-1
Text Gisela Keil, Fotografie Jürgen Becker
DVA München, Oktober 2003

365 Gärten – Das Garten-Tagebuch
Ratgeber durchs Gartenjahr
744 Seiten mit 367 Farbabbildungen
Format 24 x 17 cm
bezogener Pappband
Euro 29,95 (D) / sFr 52,10
ISBN 3-421-03444-3
Text Gisela Keil, Fotografie Jürgen Becker
DVA München, April 2003

Gärten gestalten – Gärten genießen
ca. 160 Seiten mit ca. 172 Abbildungen
Format 25 x 25 cm
Hardcover mit Schutzumschlag
Euro 25,- (D) / 25,70 (A) / sFr 42,50 (CH)
ISBN 3-8319-0088-4
Text Michael Breckwoldt, Fotografie Jürgen Becker
Ellert & Richter Verlag Hamburg,
September 2002

Index

A

B

C

D

E

Originalausgabe Becker Joest Volk Verlag

1. Auflage März 2004 (5.500)

ISBN 3-9808977-1-0

Texte: Dorothée Waechter

Fotos: Elke Borkowski

Layout, Typografie, Satz, Bildbearbeitung, Lithografie, Lektorat: Makro Chroma Werbeagentur, Hilden

Scans und Druck: Das Druckhaus Beineke Dickmanns GmbH, Kaarst

Buchbinderische Verarbeitung: Postkonfekt GmbH, Darmstadt

Für die unermüdlichen Bemühungen um den Erlolg und die außerordenliche Qualität dieses Buches danken wir unseren Mitarbeitern Christiane Elbert (verantwortlich), Ilona Cybulski und Stephanie Leidig, unserem engagierten Vertriebsteam Claudia Wilke, Barbara Ullrich, Eva Lanz-Ruck und Volker Hoebel, den Mitarbeitern und Uli Beineke von Das Druckhaus sowie Birgit Eikenbusch, Dieter Seggewiß und Oliver Marten und den anderen Mitarbeitern von der Verlagsauslieferung Runge für die hervorragende Unterstützung unserer Projekte und unseres Verlags.

Hilden, den 12.02.2004

Becker Joest Volk Verlag